JN012874

「良縁をつかむ人」だけが大切にしていること

マナースクールライビウム代表 諏内えみ
結婚相談所マリーミー代表 植草美幸

青春出版社

／はじめに／

マナーと婚活、2人の専門家が語る「良縁をつかむ人」だけが大切にしていること

「素敵な彼と出会い、幸せになりたい」と願い、この本を手に取った方が多いでしょう。良縁をつかむ人だけが大切にしていることを本書で特別に伝授します。

本書は、マナーと婚活2つの軸で、「出会い」「ファーストデート・デート」「交際・お付き合い」「プロポーズ・結婚」「ご両親との交流」、そして「結婚後の未来」という重要な場面で大人の女性として身につけておきたいことを、具体的に順序立ててお伝えしていきます。

教えてくださったのは、大ベストセラー『「育ちがいい人」だけが知っていること』（ダイヤモンド社）の著者であり、「マナースクール ライビウム」で婚活カウンセリングや婚活講座の指導をしている諏内えみさん。そして、代表を務める結婚相談所

「マリーミー」で成婚率80％を誇るトップ婚活アドバイザーであり、婚活の第一人者でもある植草美幸さん——お2人それぞれの知見から、良縁をつかみ、育てていける人になるために必要なことを語っていただきます。

マナーとは自分を制御するものと思われがちですが、それはファーストステップ。また、婚活は自分を取り繕わないといけないツライものだとネガティブに捉え、一歩踏み出せない人がいるかもしれません。

実はどちらも、品よく自分らしくふるまいながら、自分のオーラを変え、人間関係や近づいてくる人の縁を変えていくための手段です。しなやかに交渉し、要求を通す。そして、自在に言葉を操り、感情を乗せて、無邪気に素直に、心の内をお伝えする技術でもあります。どちらも自分を変えたい、成長したいと考えた人だけが身につけることができるのです。

オーケストラの生演奏では、複数の楽器が緊密に制御され、正確な演奏を紡ぎながらも、聴衆に喜びや興奮という圧倒的なエモーションをもたらします。

正しい型があり、それをエモーショナルに伝える――これは美しい所作で魅了しながら、愛する方との出会いを良縁に替えるアプローチにも通じるのかもしれません。

こんなとき、どうしたら？　今、私は何をすれば？――そんなとき、本書を開き場面に合った立ち居振る舞いを知り、良縁をつかむための一歩を踏み出していくお手伝いができればと思います。

第一章　出会い

第三章 交際・お付き合い

第四章

プロポーズから婚約、結婚まで

／おわりに／

良縁は、生涯2人で育てていくものです

結婚1年目が勝負！　向き合うことを投げ出さず、10年20年と良縁を育てましょう　／植草美幸／

2人の「当たり前」が理想の家庭を築き上げる。結婚後も育て続け、伝承していきましょう　／諏内えみ／

※「育ちがいい人」は諏内えみ代表株式会社ライビウムの登録商標です。

第一章 出会い

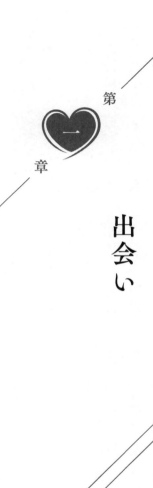

テーマ01

良縁をつかむ人は、本当の良縁とはなにかを知っている

諏内えみ

良縁は鏡。すべてを失っても、その人の中に残るものを見極めて

良縁という言葉を聞いたとき、職業や年収、学歴、家柄などクラスが自分より高い人と結ばれること、とお考えではないでしょうか。では逆に、あなたはお相手の方からも良縁と思ってもらえますか？　婚活や結婚は、お互いが良縁と感じなければ、縁談はまとまりません。

理想の相手が望む、いえ、それ以上のあなたになれること、それが本当の良縁なのでしょう。相手と自分は鏡です。もし今まであなたに巡ってきたいくつかの出会いを「良縁じゃない」と感じていたとしても、客観的に見たら……実はあなたとつりあっているお相手だったのかもしれないのです。

でも、ガッカリなさる必要はありません。ランクの高い男性を求めるのでしたら、

まずは自分自身をそのランクに育てればいいのです。それは、双方にとっても真の良縁となります。エグゼクティブなお相手に出会いたいと思っているなら、ワンランク、ツーランク上の人を惹きつけられる自分になるほうが断然近道でしょう。すると、婚活だけでなく、あなたはどんな場面でも認められ、より幸せな人生が訪れます！

私はマナーをはじめ、美しい立ち居振る舞いや所作、会話術、社交術、そして和洋のテーブルマナーやパーティマナーをレクチャーする「マナースクール ライビウム」と、難関幼稚園・名門小学校を目指されているご家族様向けの「親子・お受験作法教室」の代表であり、もちろん講師として生徒さんのカウンセリングやレッスンも行っております。

「マナースクール ライビウム」にいらっしゃる生徒さんは、30代〜40代がメイン。はじめはビジネスマナーを学ぶ目的でいらした生徒さんも、「実は婚活も考えているのですが……」と、お見合いに向けたレッスンや、意中の彼にプロポーズしてもらうよう、「婚活レッスン」に切り替えていかれる方も少なくありません。

みなさん、「エグゼクティブな男性に選ばれる立ち居振る舞いを身につけて、婚活で結果を出したい」「育ちがいい人にふさわしい女性の品を身につけたい」と口々におっしゃいます。

しかし、ただの憧れ、理想だけの高望みでは永遠に良縁にはたどり着けません。では、いちばんの近道は？　そう、あなた自身が、その高望みであるレベルに位置することです。自分が「高嶺《たかね》の華」の位置に上がれば、それまで理想としていた男性がグッと近くなり、お似合いのお2人になれるはず。

そのためには、現在の自分のレベル・ランク・位置を知ることが大切です。あなたは、理想の男性からお声をかけられていますか？　理想の方の前で堂々と、そして自然にふるまえますか？　これはあなたを測るバロメーターになります。自分は今どこにいるの？　理想とする方がいるような高嶺に登れてる？　とご自身を見つめてみましょう。

婚活の場面では、エグゼクティブなお相手、そしてそのご家族に求められるのが「育ち」と「品」と言って間違いないでしょう。これらは幼少の頃だけのお話ではありません。あなたがこれまで自分自身をどのように育ててきたか、どう生きてきたのかということです。

幼少期のしつけや教育は今からは変えられません。でも、これから「育ちがいい人」に変わっていくことは決してむずかしいことではありません！

さて、婚活をなさる上でお伝えしておきたいことがあります。

それは、理想とする相手に媚びないこと。好かれたい、嫌われたくない……そんな思いがあると相手に合わせ過ぎたり、必要以上に尽くしたりしてしまいがち。自信たっぷりに堂々とふるまえないがために、デートのときでも電話で話しているときも相手に合わせ過ぎたり、媚びたり、しがみついたり……そんな日々が続き、モヤモヤが消えず、疲れてしまうものです。

しかし、クラスが高い男性はそんな女性と真剣なお付き合いはなさらないのでは？ 自分軸のある、自身の意見をしっかり持った女性のほうがずっと魅力的な存在と感じてくれるはずです。自分の中に芯がある人は媚びる必要がありません。

私は生徒さんのカウンセリングやレッスン中に、「今お付き合いしている人にしようか迷っているんです」という相談を受けることが多々あります。そのとき私はひとつの尺度として、「彼が健康を害したときや、金銭的に苦しい状況に陥ったときにも、この人となら頑張っていきたいと思えるようでしたら、その方になさったら？」と伝えています。

人生は何が起こるかわかりません。そんなハプニングやトラブルのとき、その方に残るものはなんなのかを考えてみていただくと、大切なものが見えてくるでしょう。

育ちや品性は一生の武器。すべてを失っても人の中に残るものです。そして育ちと品は今からでも、いつからでも変えられます。あなたは今のまま、結果がなかなか出ない高望みだけを続けていきますか？　それとも、自分を育ちがいい女性へと引き上げ、良縁をつかみますか？

良縁とは文化の相性。変えられるものと、変えられないものを知っておくこと

植草美幸

まず、努力を惜しまない人は、いくつになっても良縁をつかめます。要するに、待っていても何もやってこない。努力をしている人は、いくつになっても見た目も変わるし、中身も変わるし、自らチャンスを作り出して、人生を動かしていけるのです。諏内さんのおっしゃる通り、自分自身を高めていくということはいくつになっても可能で、いくつになっても自分自身を変えることは可能です。

私自身も、婚活カウンセリングや、実際のお見合いや交際を通して、コミュニケーション能力を磨かれ、包容力や人間力を身につけることで、幸せな結婚をつかまれたみなさんをたくさん見てきました。

素敵な結婚をする、良縁をつかめる人生を歩みたいなら、結婚相手を自分で選ぶ自分の軸を作ることが必要です。それが結婚観につながりますし、自分にとっての良縁はなんなのか、考える機会になると思います。

ここではあえて、良縁にまつわる「変えられるものと、変えられないもの」につい

て考えていきましょう。

良縁という言葉は「家柄のよい方、血筋が由緒正しい方との縁談」のような意味で使われることもあります。当然、血筋や家柄は変えられませんし、ご両親や親族の考え方というのも当然変えられません。無理にマッチングしても、本人たちが努力をしても、最終的にご両親や家柄の問題が再燃して潰れてしまうことがあります。

よくあるのが、お母さまが息子をお医者さんにするのに大変苦労したので、お母さまの希望通りじゃないと破談になってしまうケースです。

「これだけ苦労してこの子を育てたのですから、本人は結婚する気みたいですけれど破談にしてください」という話を持ち掛けてくる方もいます。その理由として出たのも、また変えられないことでした。

例えば、「両親が健在じゃない」という指摘です。理由も非常に前時代的で、「結婚式のときに両親2人揃っていないのは見栄えが悪い」「離婚は3歳のとき? 母親1人で育てられた子どもなんて教育上よくない」なんてことをおっしゃいます。差別的な偏見でしかないのですが、婚活世代の親となると60代、70代になっているケースもありますから、もはや説得しても変えられないこともあるのです。

逆に、婚活している当人が、当人同士の相性はさておき、家柄やご両親や親族の考え方を見て、辞退する例もあります。ある男性はご自身が医師で、お医者さまと結婚したいという良家のお嬢さまの縁談がありました。でもその男性は、お父さまが中卒で学歴がなく、家柄もそんなによくないことを理解していましたから、菓子折りを持って、「大変ありがたいお話ですが、うちとは家柄が釣り合いません。大変申し訳ないのですが、辞退させていただきます」とおっしゃいました。

また、いざ真剣交際まで進んだものの、相手のご両親から「あなたの家はシングルマザーですよね?」と嫌味を言われ、「母が悲しい思いをするのを見たくないので、身を引きます」という決断をした女性もいました。

家柄の相性がよくない結婚をすると、自分だけでなく、親もつらい思いをすることを知っているのでしょう。逆に言うと、家柄の相性がよければ、そういった不要な苦労を避けることができます。これを良縁と捉えることもできます。

一方で、良縁を「幸せな縁談、相性のよいマッチング」と捉えるなら、自分たちの手で変えられる部分もたくさんあります。多少違っていても、お互いの文化を擦り合わせることで乗り越えることができます。

結婚すると最初の1年目は、文化の違いの擦り合わせに忙しくなります。

婚活中や交際中に膝を突き合わせ話をしていても、いざ結婚して同居をしてみるとお互いの文化の違いが明らかになってきます。文化というのは、感性や常識、価値観のすべてです。

婚活の現場では、結婚後に苦労がないように、また、スピード結婚を目指すために、文化が似ているかどうか、もしくは、文化が違っても擦り合わせやすい相性かどうかという点を考慮してマッチングしています。文化を擦り合わせるためには、まず相手がどうしてそんな行動をするのか、理解することからはじまります。

「どうして紅茶を飲むのに、ティーポットやカップ&ソーサーを使わないの？」と思ったら、ムッとするのではなく、ぜひお相手に聞いてみてください。「リモートワーク中の休憩に飲むときは、時短のためにマグカップを使っているんだ。来客のときは、カップ&ソーサーを使うようにするね」と言われれば、「それもそうね」と思えるのではないでしょうか？

こうやってお互いの意見を理解できる擦り合わせをすればいいのです。

テーマ 02

良縁をつかむ人は、〝出会い方〟を知っている

諏内えみ

言い訳ご無用！
育ちがいいお嬢さんに進化して出会いを変える

◇言い訳は出会いを無駄にする悪癖

良縁となる出会いがほしいなら、今日から〝言い訳はしない〟と決めましょう。

婚活中であるにもかかわらず私の生徒さんたちがしばしば口にするのが、「雨なので、こんな靴を履いてきちゃって」や「今日はどこにも寄らないでまっすぐ帰るので、お化粧がいい加減ですみません」など、自分を整えていない、美しくないことへの言い訳。

私だってその気持ち、よくわかります。装いを整えて出かけたいのは山々だけれど、「ま、いいか」「だって雨だし」「だって誰にも会わないし」「今日は出会いなどありそうもないし」——と怠惰な自分に理由付けをして、面倒なことを回避する自身を納得させたいのですよね。

でも、あなたは婚活中です！　それを忘れないでください。あなたは毎日、出会いを想定していなくてはなりません。雨だろうが、夜遅くなった帰路だろうが、出会いは何時訪れるかわかりません。いえ、多くの映画やドラマのように、そんなときほどセレンディピティ・幸運をつかみ取る奇跡が訪れるもの！

ちょっとお疲れで電車に乗っているとき、イライラしながら信号待ちしているとき、ダラダラと歩いているとき、すれ違う方みんなに「私、いつもはこうじゃないんですよ。だって今日は○○だから」と言い訳をすることはできません。

普段通りに素敵に整えているあなたなら遭遇していたはずの、1つ2つの出会いを無駄にしていたかもしれません。良縁をつかむためには、今すぐ、言い訳を手放すことが条件です。

◇婚活ワンピと婚活メイクで幸せオーラをまとう

「婚活しよう！」と決断し、出会いの場面を考えたとき、装いに品を持たせ、育ちがいい人のイメージを発信するのはとても重要です。

私の「マナースクール　ライビウム」でも、皇族や著名芸能人、アーティストの衣装をはじめ、婚活女性に圧倒的人気の有名ブランドのデザインも手掛けてきた一流オートクチュールデザイナーとのコラボで『育ちがいい人®の婚活ワンピ』をオートクチュール展開しています。お1人お1人の魅力を引き出し、理想の男性と、その方のバックグラウンドまでを想定してつくられたオートクチュールドレスをお召しになると、どなたも例外なくにじみ出る品性とオーラをまとえます。

同様にヘアメイクも品と育ちを意識しなくてはなりません。スクールでは、清潔感のある上品なヘアメイクもご指導していますが、そのビフォーアフターの大きな違いに、驚き、喜び、うっとり鏡を眺める生徒さんたちの姿を拝見するのは、私も喜びを感じる瞬間です。

「人は見た目」というのは、否定できません。特に婚活、お見合の場面では、初デートにつなげるための重要な第一印象を決める要素です。

◇きれいな立ち居振る舞いが引き寄せた、セレンディピティな出会い

はじめは自信が持てなくて下を向いて歩いていた生徒さんが、レッスンを通して自分を育てていくと、背筋が伸びて目線が上がるようになり、以前とは「見える景色が変わりました」とみなさんおっしゃいます。

1週間、1か月もあればあなたの自信やポジティブさは確実に変わってきます。そんな自分が大好きになると、さらに放つオーラまで変わります。すると、近寄ってくる方が変わり、出会い自体のランクも変わってきます。

私のカウンセリングにこられた36歳の看護師Rさんは、お付き合いした男性に騙されたり、お金を貸したまま連絡を絶たれたりというおつらい経験があり、「変わりたいんです」とボロボロと泣いていました。

「私と一緒に生まれ変わりましょう」と申し上げると、その日はスッキリなさった様子で、「私でも変われるんだ」と希望を胸にスクールをあとにされました。実はその日の帰路に、運命的な出会いがあったそう！

その後、2回ほどふるまいや所作、メイクのレッスンを終えたRさんから、うれしい報告がありました。「最近、職場のドクターたちと頻繁に目が合うようになったんです」「書きものをしていてフッと顔を上げるとこちらを見ていて……」「そのうちの1人から食事誘っていただきました！　先生、テーブルマナーを教えてください」と。

そう、早くもRさんにモテ期がやってきたのです。看護師さんは制服のお仕事ですし、仕事中はアクセサリーなど余計な装飾はできません。しかもご多忙で常に時間に追われ、慌ただしくしている職場です。だからこそ、ふとした瞬間のたたずまいや所作、しぐさが映えるのです。指先のエレガントな所作や視線、ウォーキングで彼女の印象はグングン変わっていきました。

お食事デートをなさった医師の方とご結婚を……と私も願っておりました。しかし、彼女が結婚相手に選んだのは、会社経営の別の男性。一体どこでめぐり逢ったのか？　実はこれこそが、私の初回カウンセリングからの帰路の運命的な出会いとつながっていました。

実は、Rさんが前向きになったその日、ふとしたことで言葉を交わしたご年配の女性に気に入っていただいたそう。その後、レッスンを続けたRさんに「あなたに紹介したい方がいるんだけど」と会わせてくれたのが、未来の結婚相手だったのです。まさに、彼女の品ある立ち居振る舞いが、そして話し方が引き寄せたセレンディピティと言えるでしょう！

◇「婚活はじめました」でご紹介殺到

私の親しくしている友人は、あるときまで婚活はひそかに行い、周囲の方には内緒にしていましたが、「私、婚活をはじめたんです」「どなたかよい方がいらっしゃったらぜひ」と公言。するとどうでしょう！　その途端に、「な〜んだ、結婚したくないのかと思っていた」と誤解が解け、「それならピッタリの方がいるよ」「ちょうどいい男性がいるんだけど会ってみない？」と、どんどんご紹介をしていただけるようになったそう。

おきれいな方であるほど、周りは「もういい人がいるんだろうな」「結婚する気がないんじゃないかな」と想像してしまうのでしょうね。チャンスが増えることを考えると、堂々と婚活宣言をなさるのもおすすめですよ。

◇「育ちがいいお嬢さん」への進化で出会いが変わる

自分にまったく自信が持てず、内向的で人見知り、あがり症、「私なんて……」と常に思い続け、半分引きこもっていた30代女性のマリさんが、勇気を振り絞って茨城県から東京港区の私の「マナースクール ライビウム」にいらしたのは、ほんの1年前のことでした。そのときの服といえば、スウェット地のパーカー。これなら東京に行けると思っていた一張羅だったそう。

カウンセリング中、まともに私と目も合わせられず、オドオドという表現がピッタリの小鳩のような印象でした。あとでお聞きしたところ、「諏内先生が私なんかと話をしてくれた」と感激していたそうです。そんなマリさんでしたが、1回2回とレッスンをしていくにつれ、彼女の素直さからでしょう、お伝えしたことをどんどん吸収し、立ち居振る舞いがみるみる上品になり、会話もスキルアップし、見事にどこへ出しても恥ずかしくない美しく上品な女性に進化していったのです。

そして、人前に出ることが大の苦手なマリさんが、モデルやナレーションの仕事もなさるようになりました！

マリさんが何人もの方々に「育ちがいいお嬢さんですね」と言われたり、食事に誘われたりするまで、時間はかかりませんでした。きれいな所作の自信からにじみ出るオーラをまとえるようになっていくと、寄ってくる人や掛けられる言葉が変わり、引き寄せるものが違ってくる——そういうタイミングで良縁をつかめるものなのです。

現在は、前記「育ちがいい人®の婚活ワンピ」を美しく着こなされ、お目にかかるごとに素敵なレディに進化されています。

自分に合った「金魚鉢」を探して！見た目から、自信とオーラも変えていく

植草美幸

出会いの場所について話すとき、「金魚鉢で恋愛しましょう」と例え話をすることがあります。アクアリウムで産まれた金魚は、管理された清潔な水槽で過ごします。これは人間に置き換えると学生時代。同世代の似た経歴・似た家柄の未婚者が集まる、安全性の高い場所です。アクアリウムで出会いがなかった、つまり、良縁と呼べる出会いがないまま、学校を卒業し、社会人になっても出会いがないと感じていたら？

安心、安全で、自分とつりあう相手はどこにいるのでしょう？

そこで、「周りに良縁と呼べるお相手がいない、もっと広い〝出会いの場〟に行けば出会えるかもしれない」という考えはハイリスクです。金魚が広い海に出て危険を犯すよりも、似た者同士の良縁を集めた、安全な金魚鉢を提供したい。そういう考えから、結婚相談所での仲人業をしています。

まず出会いの場所を選ぶうえで重要なのは、目的に合った場所かどうか、自分に合った手段かどうかです。目的はもちろん、良縁と呼べる幸せな結婚です。例えば、マ

ッチングアプリはどうでしょうか？　無料で手軽、誰でも登録ＯＫ……？　でも、良縁をつかむことを目的にするならおすすめしません。

ご存じだと思いますが、登録時に身分証明や独身証明が不要なアプリは嘘のプロフィールを作成できてしまいます。カラダ目的の人や、既婚者の遊び目的が混ざった中で、複数のお相手とやりとりをしながら相手の本性や結婚の意志を見極めるのは難易度が高いものです。

続いて、自分に合った出会いの場所とはなんでしょうか？　例えば、婚活パーティや街コンは、プロフィールカードを記入して座席を移動しながら大勢のお相手と数分ずつお話しをし、好感を抱いたお相手と連絡先交換をし、仲を深めていきます。明るく元気で初対面でも物怖じせず、大勢の中でも積極的にアプローチできるタイプの人。かしこまったやり取りよりも、楽しい雰囲気や自由度を重視する人にもよいでしょう。

結婚相談所は、相談所より紹介を受けるか、プロフィールでマッチングした方とお見合いをし、１対１で60分ほどお話ししてから、複数の人と数か月の仮交際期間を設けます。１人ずつとじっくり向き合いたい人、アプローチやコミュニケーションが苦手で内向的な人、恋愛が自然消滅しがちな人に向いています。

いずれも一度に会う人数、選び方・選ばれ方、進め方がまったく違うのです。もちろん、選ぶサービスや運営元によって異なりますから、ぜひ総合的に考えて、自分に合う良縁との出会いの場所を検討してみてください。


出会いの場所と同時に、良縁をグッと引き寄せるために必要になのが、自信とオーラです。そこで私の場合、まず服やヘアメイクを変えましょうと提案します。私の結婚相談所にいらっしゃる方は、過去の婚活が思うようにいかなかった、恋愛経験が少ないからこそ手厚いサポートがほしい……という人が多いので、最初はみなさん自信がありません。自信がないと、人は印象も服装も、地味に暗くなりがちです。そこで、あえて見た目から入ることで内面をも変えていただく提案をするのです。

活動がはじまると、自信を持っていただくために、まずお見合いやデートに着ていく服を選んだり、ヘアメイクのレッスンを受けたりしていただきます。来月のカウンセリングまでに、つけまつ毛や巻き髪を練習して、プロフィール写真を再現できるように練習しましょうとお伝えします。するとみなさん、毎回バッチリ決めて自信を持てるようになり、見違えるように印象がよくなります。

写真だけのその場限りの変身ではないので、毎日の服装もヘアメイクも変わり、周囲の人の反応が変わります。職場で「最近、生き生きしていますね！」と言われた、電車やバスで「お嬢さん、段差がありますから、気をつけて」と今までになく優しく気づかいをされた——というふうに、ちょっとした変化が起こります。

私自身も、来社される会員さまを見て「あ、あの方は、そろそろ結婚が決まりそうね」と感じると、だいたい当たるんです。毎週新しい出会いがあって、毎週新しい人とお見合いやデートをして、人と接して磨かれることによって自信がついて、幸せオーラが出てきます。

誰に対しても印象がよいほうが絶対にトクをします。以前、ある女性会員さまがパッと見違えるように華やかになっていたことに驚いて、「次にカウンセリングにくる素敵な男性と相性がよさそうだし、今日の雰囲気なら、きっと好印象を持ってもらえそう！」と直感し、その女性に「もしお時間があれば、2時間後にお見合いしませんか？」と即日お見合いを設定させていただいたことがあります。直接出会うだけでなく、人がつなぐ縁もある。そう考えれば、油断している暇はないはずですよ。

テーマ 03

良縁をつかむ人は、すがる恋愛・媚びる恋愛をしない

愛し損や恋人止まりで泣くのは良縁を遠ざける悪いクセ

植草美幸

大前提として、良縁をつかみたい人は、結婚につながらない恋愛を手放しましょう。恋愛・結婚相談でよく寄せられる悩みのひとつが、「自分は結婚したいけれど、彼はどう思っているかわからない」という内容です。それは、マッチングやお付き合いの段階で、上下関係ができているということで対等ではないのですから、良縁とはいえません。

結婚してからも上下関係が残ると、家庭が居心地の悪い場所になってしまうこともあります。その気がない男性に一生懸命尽くして、「愛してほしい、こっちを見てほしい」とすがるのは時間の無駄で、お相手がどんなにハイクラスであっても良縁には程遠い関係です。

良縁というのはお互いが向き合える関係性であってほしいもの。以前、レストランで食事をしていると、アラフォー女性4人が女子会を開き、恋バナに花を咲かせていました。そのうちの1人が「私やっぱり彼が好き、2番目の女でもいいの！」と言い、周囲は「わかる〜」と盛り上がっていて、大変驚きました。

お相手と釣り合っていないのに勝手に本気になって、2番目に甘んじれば現状維持できる、とすがっている状態です。男性のほうは、「お互い割り切った関係だから、しばらく遊んでもいいか」と一時的に受け入れているのかもしれませんが、〝あわよくば精神〟で自分を安売りしているだけで未来はありません。

「一流の男性と交流しているのだから、自分は頑張ればそれ相応の存在になれるはず」という哀れな勘違いも助長してしまいます。もし似たような状況に陥っている方がいたら、すぐにマインドチェンジをしましょう。

「相手に合わせるのではなく、私は私。私の思い描く結婚生活、夫婦関係に合う人だけが、私にとっての良縁なのよ」という姿勢で、自分の意志でもっと自分に誇りを持って！　と言いたいですね。

実は、このスタンスでいたほうが、デートや交際においてもストレスがたまらず、いつも上機嫌でいられます。執着しないと情緒が安定し、冷静な判断ができ、婚活もうまくいきます。

自分のために自分のスケジュールを埋めていくとストレスがたまらず、相手の答え待ちにならないから、その分、交際も早く進みます。

自分の望む通りだから、不満もありません。相手に合わせて、行きたくない所に行って、したいことができないままだと、つまらなくてストレスがたまっていきます。

もっと自分本位に、自分の好きなことを主張していきましょう。

「自分軸を持ち、媚びない」は選べる人になるための心得

諏内えみ

「媚びない、凛とした女性でありたい」「男性を選ぶ側になりたい」とは誰もが思うもの。しかし、自分に自信が持てない方や、自分よりクラスが高いと思っている男性に対し、相手に合わせ過ぎてしまう女性が少なくないのです。

相手の好みに合わせてあげたい、という優しいお気持ちは大切なことでもあります。しかし、それだけの女性では、魅力的に映りません。特に、仕事ができるスマートな男性は、自分と対等に話ができ、意見を交わせることに楽しみや新鮮な魅力を感じてくれる傾向があります。

まずは何事でも自身の考えや好みを的確な言葉で伝えられる女性になりましょう。

例えば、男性からデートに誘われて「何を食べたい?」と聞かれたときに「なんでもいいです」、「今日どこに行きたい?」に「どこでもいいです」と答えていませんか? これでは、「男性に丸投げしている」「2人で楽しもうという気持ちがない」「知性が感じられない」「人間としてつまらない」というイメージを与えてしまいかね

ません。「選ぶ」以前に「選ばれる」女性にもなれません。

「昨日は和食をいただいたので、タイ料理とかインド料理はどうかしら?」「今日はおなかが空いているから何でもおいしくいただけそう! そうねえ、スペイン料理か中華もいいな」と好みをおっしゃってから、さらに、「○○さんはどちらがいい?」と、相手にも選択肢を与えられるのが大人の女性の思いやり、そして、賢さと余裕というものでもあります。


ただし、もし彼が相談なしで予約をしてくれ、「今日はフレンチをとったよ」と報告された場合は、「まあ! 普段なかなか行かないからうれしいわ」と素直に喜びを伝えましょう。ここで「フレンチもいいけどお寿司に行きたかったな」などとわざわざおっしゃるのはNG。自分軸を優先すべきときと、相手の好意を素直に受け取り、喜びを表すときの違いを心得ているのが、育ちがいい女性なのでしょう。

また、あなたと彼とで意見が違うときこそチャンスです。

その理由を言葉で伝え合い、すり合わせができるタイミングととらえられれば、お互いを知るよき時間になるはずです。

テーマ 04

気になる人ができた——そのとき、良縁をつかむ人は？

諏内えみ

相手の名前をたくさん口にする。バリエーションあるお礼で印象に残す

気になる男性ができたとき、良縁をつかむ人は、どんな行動をしているのでしょうか？

そろそろ彼とデートしたいなと思ったら、自分からお誘いなさってももちろんいいですが、できれば男性から誘われたいと思うのが女心。相手の方との趣味や嗜好品、食べものなどについての雑談の中から、「そのお店の情報教えてください」と、連絡先を交換なさるのも手。もしくは、「私も行ってみたいです」「それ、私も食べてみたいわ」とおっしゃってみても。

例えば、相手の趣味のお話で「休日は、よくサッカー観戦に」と言われたら、「私は行ったことがないので、今度行ってみたいです」とお伝えしてみる。「最近、落語

にハマって寄席に通っていて」と聞いたら、「あら！ 私も一度聴いてみたいと思っていたんです」とおっしゃってみる。

そのとき、「じゃあ今度一緒に……」とたとえ社交辞令で言われたとしても、「うれしい！　絶対ですよ」と素直にうれしさを伝えたら、「喜んでくれている」「かわいいな」と思ってもらえ実現しやすいでしょう。

ここで意中の彼との会話中に、品のいい好意の伝え方を2つお伝えいたします。

1つめは、できるだけ彼の名前を入れて話すこと。「吉田さんは、今日何を食べたいですか？」「高木さん、お待たせして申し訳ありません」というふうに、ことあるごとに名前を入れて会話をなさると彼との距離がグッと近づき、あなたの好意を感じてもらえるのです。

これはコーチングというビジネスでも使われるコミュニケーション技術にもある手法のひとつ。相手に寄り添うイメージづくりに大変効果的ですので、婚活でも使わない手はないでしょう。

2つめは、お礼や感想はできるだけ具体的に伝えるということ。デートの最後に

「今日はありがとうございました、ごちそうさまでした。じゃ失礼いたします」と言われたら……？　単なる決まり文句のご挨拶、ビジネスライク、社交辞令と受け取られてしまい、決してあなたの好意は伝わりません。

そこで、「今日はサッカーのお話を伺えて、すごく楽しい時間でした」「ごちそうになったパエリアが本格的で本当においしかったです」というふうに、より具体的に伝えるようになさってみてください。

ピンポイントで具体的な表現は、あなたが抱いている好意だけでなく、人としての魅力も伝わり、きっと印象に残せることでしょう。

「カレンダートーク」とお願いごとで優先順位を高めましょう

植草美幸

恋愛相談でよくあるのが、恋人だったけれど自然消滅してしまったという悩み。受け身同士だから起こることですが、性格を変えるのは難しいので、やることをルール化して行動に落とし込むことをおすすめしています。

まずデートの約束は、3回先まで決めてください。

そして、春なら「梅が咲きますね、桜が咲きますね、お花見の季節ですね」と季節折々を取り入れて、予定を仮押さえしましょう。

これを私は「カレンダートーク」と呼んでいます。時期が限定されていると優先順位が高まるのがメリットです。

美術展のクーポン券を財布に忍ばせておくのもおすすめです。都心部の美術館は庭園やカフェが併設されていてちょっとしたデートに最適。意中の人とちょっとした用事で会った際、「あ！　この美術展、今月末までだったみたい。一緒にどう？」というふうに誘いやすくなります。

もうひとつ、出会いの場で提案するのが、「緊張するので、2回目のデートからは下の名前で呼び合いませんか?」というもの。「私のことは、ミユキと呼んでください。鈴木さんは、ノブさんと呼んでもいいですか?」……こんな初々しいやり取りをするだけでも自然と場が和みます。

結婚相談所の場合、お見合いで距離を縮めるのは特に難しいのですが、この方法を使うと〝2回目のデート〟を前提に話を進められる上、グッと距離が縮まります。

さらに、意中の人とのデートをつかみたいなら、王道なのは家電購入や配線、引っ越しや模様替えなど、男手がほしいお願いごとを頼んでみる方法です。相手男性の仕事や特技、趣味に関連することを「教えてほしい、手伝ってほしい」と聞いてみるのもよいでしょう。

家電量販店でのプリンターの購入や、取り付けを手伝ってもらい、終わったらランチをご馳走させてもらう、というのもスマートです。

「できない、わからない、知らない」は大事なパートナー候補だからこそ、素直に言ったほうがいい言葉。仕事中は背伸びをしていても、プライベートの時間は苦手なことをパートナーと補い合っていいのです。

何でも自分でできる人も素敵ですが、仕事の鎧を脱ぎ捨てて家庭でリラックスしたいなら、「自分でもがんばればできるけど、ちょっとやってもらいたいな」というときに、しっかり頼る練習をしてみましょう。自分でやらない代わりに、〝私をサポートするチャンス〟を与えるのです。

例えば、電車の乗り換えを調べるとき、彼にお願いしましょう。あなたの「ちょっと調べてもらっていい？　わぁ、ありがとう、助かったわ」という言葉に喜んでくれる相手こそ、あなたの良縁なのです。

第二章

デート

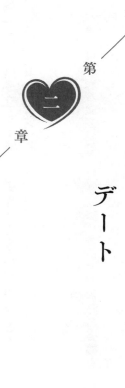

テーマ05

良縁をつかむ人は、第一印象を大切にする

第一印象は「立ち・座り・歩き」の5秒で決まる！育ちは細部からにじみ出る

諏内えみ

私は「第一印象は5秒で決まる」と申し上げています。

パッと目に入る立ち姿勢・座り姿勢、歩いてくる際の姿勢などで、あなたのファーストインプレッションは大きく左右されます。

もしも、待ち合わせのラウンジのエントランスやお席で、背中を丸めてスマホを見ていたり、膝を開いて座っていたりする姿を見られたら。そこから好印象を取り戻すのはなかなか難しいでしょう。

出会いの5秒間は、想像以上に重要です。パッと目が合ってから、「はじめまして、○○です。よろしくお願いいたします」とお辞儀をする間に第一印象が決まってしまうのですから！　実際の出会いの場になぞらえてみると、彼を待っているときの立ち姿や座り姿。自分が相手に歩み寄るときなら、ウォーキング所作。あなたの姿勢が第

一印象の輪郭であり、シルエットとして映るのですから、それを整えておくことは今から準備できる良縁をつかむための大切なスキルのひとつです。

まず待ち合わせでの立ち姿では、耳の中央と肩の中央とくるぶしが一直線になるように立つことを心がけましょう。ヒールを履いていると前傾姿勢になりやすく、無意識に顔が前に出てしまうことがあります。お会いする前には、頭・かかとを壁に沿わせ、正しい立ち方にリセットしてみてください。こんなに反っていていいの？　と感じるかもしれませんが、そのような方はそれだけいつも前傾になっているということです。この「壁立ち」の状態からスッと歩き出すと、美しいウォーキングにもつながります。

また、待ち合わせ時間の直前に、全身360度を鏡でチェックなさるのを忘れずに。ヘアメイクを自宅でちゃんと整えてきたとしても、途中で乱れてしまっているかもしれません。

婚活シーンでは清潔感がとても大切です。では清潔感とは？　例えば、袖口や裾から糸がちょっと出ていたり、不自然な部分にしわがついていたり、どこかにしみがあったり、靴底が減っていたりすると、清潔感は失われてしまうもの。装いだけではなく、だらしない立ち方でも清潔感に欠けて見えてしまいます。「シャワーを浴びてきた」「服はクリーニングに出したもの」というのは前提であり、細部まで気を抜かずきちんと手入れをなさることで、好印象を与えられると心得ましょう。

実際のお見合いやデートの待ち合わせでは、男性が先に到着していて、あなたが歩いて近づくシチュエーションが多いかと思います。私が生徒さんにレッスンをしていると、ウォーキングに癖がある方が少なくありません。ぜひ全身鏡に向かって、自身の歩く姿を映して癖を確認してみることをおすすめします。歩くと体や肩が傾いてしまう……実はこれだけでも、歩き姿がみすぼらしく見え、3歳から5歳は老けた印象を与えてしまいます！　ご家族や親しいご友人に「私の歩き方って癖がある？」と聞いてみると、気づきをもらえるかもしれません。

いよいよお会いする時間が近づいてきたら、自身の笑顔もデザインしましょう。私がよく申し上げているのは、まず真顔から2ミリだけ口角をアップすること。真顔だと怖い印象になる方もいらっしゃいますので、自分の魅力をいちばん感じさせられる笑顔を、鏡や写真写りで確認してみてくださいね。「気がついたら2ミリアップ！」が、あなたから幸せオーラを放ってくれますよ。

婚活シーンでのお辞儀は、ちょっと浅めになさることと目線がポイントになります。一般的なビジネスマナーでの基本のお辞儀は30度ですが、婚活やデートでは、30度以上で深々とお辞儀をすると、よそよそしい印象を与え、心を閉ざしているようにも見えかねません。私のおすすめする〝婚活向けお辞儀〟は15度です！

目線を下に落とす正式なお辞儀も、婚活やデートではかしこまり過ぎて近づきがたい印象になります。彼の目を見たまま、やや斜め15度にお辞儀をし、「こんにちは。はじめまして、〇〇です」とご挨拶してみてください。きっと自分のほうに気持ちを向けてくれている、と感じ好印象を与えられるでしょう。

別れ際も同様。礼儀正しく「本日はごちそうさまでした、ありがとうございました。失礼致します」と目線を落として30度以上の深いお辞儀をしてしまうと、丁寧ではありますがかしこまったビジネスシーンのようで、彼との距離感が縮まらないどころか、脈なしと思われてしまうかもしれません。

なお、私が大切にしているものに「余韻、余白、余裕」があります。

お辞儀やご挨拶の際は、一旦立ち止まってから行いましょう。所作や会話の中でも、故意に余白をつくることで品を与えられます。「ながら動作」は美しくなく、丁寧さに欠けて映ります。ひとつずつ動作を完了させていくことで、上品で優雅な印象になりますから、日頃の所作を見直していきたいですね。

お見合いではホテルのラウンジで待ち合わせるケースも多いかと思います。ラウンジに入る際や、帰りのエレベーターやドアの開閉はぜひ男性にリードしていただきたいもの。男性がスムーズにエスコートできるように、ドアの前でほんの少し待ってみると所作の余白にもなりますし、エスコートに不慣れな男性であっても「あ、僕が開けます」と気づいてくださるかもしれません。なかなか気づかない方でしたら、「開けてくださったらうれしいな」と言ってみてもいいですね。ただし、これは親しくなってから。お見合いのときにおっしゃるのはあまりよろしくありません。女性が自分でドアを開ける場面があれば、ちょっと片手を添えると女性らしく丁寧に見えます。

席に着くときの所作にも気を配っていただきたいものです。まだ立ち居振る舞いのレッスンをしていないほとんどの生徒さんに見られるのが、前かがみになって腰を曲げ、膝や太ももに手を置いて「よいしょっ」と言わんばかりに座る姿です。いくらそのあとに脚をスッとななめに流してきれいに整えても、その前の動作で、台無しになってしまいます。

大切なのは、背筋を伸ばしたまま静かにゆっくりと座る……これだけです。身についていれば簡単なことですが、そこに気づかない女性もたくさん！　目の前の相手が座るしぐさは意外と目に付きやすいもの。「なんとなくたたずまいがきれいな人だな」という印象を残せると、良縁にもつながるでしょう。所作は流れで見せる、動き全体で見せるもの。そのためには普段から、ナチュラルに美しい流れでふるまえる必要がありますね。

出会いのときのほんの短い場面だけでもたくさんの所作やマナーがあり、こんなにたくさん身につくかしら……と心配になったかもしれません。私は、育ちやオーラ、品格を表現する際に、「にじみ出る」という言葉をよく使います。はじめは少々ぎこちなくとも一瞬一瞬を重ねていくことで、自然とにじみ出る魅力になっていきます。「育ちがいい人」という印象は一夜漬けというわけにはいきませんが、たとえ短い期間であっても、素直に吸収して、自身に満足感を得ながら育てていかれれば、あなたにも必ず上品オーラがにじみ出てくるはずです。

婚活ファッションはユニフォームであり、武器。〝出会いの場のTPO〟を意識して

植草美幸

週末、都内高級ホテルのラウンジ前を通りがかったことはありますか？　5人〜10人、お見合いや婚活デートの待ち合わせをする人たちが並んでいます。

イメージしてみてください。あなたは男性で、50m手前ぐらいからわくわくしながらお相手を探しています。そんなとき、「わぁ、この人でよかった！」と思われるのは、どんな女性でしょうか？　背筋をシャンとして、バッグを両手でチョコンと持って、小首を左右にキョロキョロしていてかわいらしい人――そんな自分を自分でプロデュースして、女優だと思って演じてみてください。

服と髪型は、見た目の8割9割を占めていますから、改善すると非常に効率的です。私の結婚相談所ではデート服のレンタルをしていますが、男性に大人気で〝ここぞ〟というときに貸し出されている服は、白のウエストリボンのフレアワンピースです。今まではパンツスーツでチャキチャキ急ぎ足で歩いていた人でも、フレアスカートにハイヒールを履いてみると、ちょっとエレガントに歩いてみようかしら？　という気

持ちが芽生えます。ユニフォームや白衣、スーツなど、お仕事モードの服を着ると、プロ意識が高まり、気持ちが引き締まるのと同じ。婚活でも、ファッションはユニフォームであり、武器にもなる心強い存在ですから、出会いの場所に合ったコーディネートを手に取ってみてください。

逆にこんな例もあります。あるキャリア女性は、カウンセリングの印象はグッと華やかで、身だしなみも申し分なしだと思っていたのですが、どうもデートがうまくいきません。詳しく聞いてみると、いつも仕事帰りにデートを入れていたのです。ファッションが仕事用だと、どうしても切り替えが難しく、頭も仕事モードになってしまいます。そこで、「多忙なのは重々承知ですが、婚活デートは土日・祝日だけ。もしくは、仕事帰りの場合は、着替えとメイク直しをして、できれば美容院でヘアセットをしてから向かってください」とお伝えしたところ、すぐに成婚へと進まれました。

大人の女性になればなるほど、髪型はセットするかしないかでまったく印象が違います。良縁をつかむ出会いの場のTPOのひとつだと思って、ぜひ手を抜かずにひと手間かけていただくことをおすすめします。そういった美意識が大切なお相手からの印象を左右するだけでなく、自分自身を変えてくれる魔法にもなるのです。

テーマ 06

良縁をつかむ人の話し方・聞き方

社交辞令を脱出する具体性や語彙をプラスして、「もっと聞きたいわ」を所作で伝える

諏内えみ

初対面でのあなたの挨拶、社交辞令に聞こえていませんか？「はじめまして。○○と申します。よろしくお願いいたします」。もちろん、このような定番の挨拶言葉は非常に大切です。しかし、その次に添える言葉で、出会った瞬間、相手の心をつかむことができるのです。それは、「お目に掛かるのを楽しみにしていました」という言葉でしょうか？　いえ、これもおっしゃる方は少なくないはず。もっと印象に残し、このあとの2人の時間を期待してもらえる、そんな表現が望ましいですよね。

「実は昨日、お会いするのが楽しみで眠れませんでした」「朝からドキドキしてしまって、今もすごく緊張しています」など、お目にかかるまでの気持ちや今の思いを素直に伝えてみましょう。――こういった素直な言葉を、気品あふれるふるまいの女性

がおっしゃったら……。上品で美しい所作のイメージとのギャップに、きっと「かわいい方だな」と魅力を感じてくれるはずです。

もちろん、相手の魅力もちゃんと口に出して褒めるようにします。男性は出会いの場面で、女性に「写真よりずっときれいですね」という褒め言葉をおっしゃることが多いですが、逆に女性が男性へおっしゃるのは稀。

「お写真より素敵ですね」「こんなに素敵な方とは思わなかったので緊張します」など、ぜひお伝えしてみてくださいね。その際、「誠実そうな方」「爽やかな方」など、具体的な表現ですとさらに印象に残りやすいですよ。

また、「センスがいいですね」や「きれいな色のシャツですね」「そのジャケット、品がよくてとてもお似合いです」というふうに、装いや持ち物のセンスについてもどんどん褒めてくださいね。こちらも具体的におっしゃると、なお響くでしょう。

では、褒めていただいたとき、あなたはどう返していますか？　最近は「いいえいいえ」と謙遜せず、「ありがとうございます」と言ったほうが好感をもたれる、といわれています。ただし、日本の美徳でもある謙遜がまったくないというのも、相手によってはよく受け取っていただけない場合も。そんなときは、感謝の言葉＋ほめてくれた相手に敬意も表せるおすすめの返し方があります。

「中村さんにそう言っていただけるとすごくうれしいです」、こうおっしゃると「他の方ではなく、特別なあなたに褒めてもらったからうれしいのです」という意味となり、褒め言葉をおっしゃった相手も幸せにできる答え方となりますよ！

◇好感度アップの話し方

彼とお話しするスピードや相槌の頻度についても、婚活中の生徒さんからよく質問を受けます。基本的には、相手の方が話すスピードや相槌の頻度に合わせるのが、相手にとって心地よい、と言われています。そのほかにも視線や声のトーン、声の大きさ、ジェスチャーなども合わせてさしあげると、なんとなく居心地よく感じてくれるでしょう。

◇気になるアイコンタクト

多くの方が苦手意識を持たれているアイコンタクトは、強過ぎても圧迫感を与えてしまいますし、少ないとよそよそしくなり好意を示せず、また失礼にもあたるので難しいところ。ビジネスシーンでは目だけをジッと見続けるのではなく、「口元やネクタイの結び目などにときどき視線を落として……」と言われていますが、婚活やデートでは、相手を見る時間を長めになさるのがおすすめ。そして、自身が話すときなどに、「そうですね」とフッと視線を落とす……など、バランスを考えながらアイコンタクトを取るようにしましょう。

◇相槌は上品に

生徒さんを拝見していると、ウンウンウンウンとうなずきが多過ぎる方ばかり。一生懸命聞いている、あなたの話に興味がある、というアピールでもありますが、やり過ぎは逆にいいかげんに聞いているように映ることも多々。「はい、はい、はい、はい、」「えぇ、えぇ、えぇ、えぇ」と同じ相槌を何度も続けて繰り返すのも気持ちが乗っていないいように見えてしまいます。「まぁ！　そうなんですか。ご立派ですね！」など、うなずく回数を減らすぶん、語彙力を感じさせる感想を組み込めれば、きっと「また会いたい」「またこの女性と話したい」と思っていただけますよ。

ただし、良縁という観点からお伝えすると……相手を心地よくさせるのはとてもとても大切なことですが、これからのお付き合いやご結婚後のことを考えると、あなた自身も心地よくあっていただきたいもの。相手のペースに合わせ過ぎて無理をしていると感じるかどうかは、相性を見極める要素のひとつと言えるかもしれません。初対面の際はまずマナーに則り、ある程度相手に合わせてみて、自分がどう感じたかを冷静に受け止めてみるといいでしょう。

◇寄り添う？　美しく魅せる？

ちなみに、ビジネスの場面やコーチングでは、相手に安心感、信頼感を与えるための手法がいくつかあります。例えば、飲み物をオーダーするとき、相手と同じものを頼むというのも自然に好印象を与えます。相手がコーヒーを頼んだら、「私もコーヒーをお願いします」「同じものをください」などとおっしゃると、ちょっと近くに感じてしまうものなのです。

もちろん必ずしもそうしないといけないのではなく、あなたを魅力的に見せてくれる飲み物やお料理の所作を考えて選ぶのもひとつです。アイスティーなどストロー付きのドリンクのほうがカップに口紅を付けずに飲めますし、ポットでサービスされる紅茶やハーブティーなどは、それを注ぐ美しい所作も見てもらいたい……など。あなたは何を選びますか？

◇敬語と2人の距離感

はじめの頃の彼との会話では、距離をあけ過ぎない程度に、「ですます」調の丁寧語を使いましょう。注意したいのは、謙譲語である「○○させていただきます」の多用。ビジネスシーンでも、また、タレントやスポーツ選手のインタビューなどでも頻繁に耳にする言葉です。相手への敬意を表現できますが、何度も出てくると少々耳につく言葉となってしまいます。過剰な敬語はよそよそしさを感じさせてしまうこともありますので、注意したいものです。

◇女性特有の言葉づかいで

女性らしさを感じさせる言葉といえば、丁寧語である「お」をつけ上品に聞こえる単語。その代表として私が常に申し上げているのは、「お化粧・おふろ・お箸・お料理」です。「化粧をした」「風呂に入った」「箸取って」「料理した」ですと、やや粗雑なイメージになりますよね。ほかにも、お財布、お話、お砂糖、お醤油、お塩、おうどん、おそばなども同様です。ただし、外来語のカタカナ言葉に「お」をつけてはいけません。おビール、おデート、おトイレなどは誤用であるだけでなく、逆に下品な印象になってしまいます。

また、「気をつけて行ってきてください」を「お気をつけて行ってらして」や、「取っていただけますか?」を「取ってくださる?」、「うれしいわ」「素敵よ」など、男性が使わない女性らしい言い回しを織り交ぜてみると、丁寧で女性の魅力を感じさせる言葉づかいとなりますね。

◇媚びる言葉はあなたを下げる

昨今、私が気になるものに「合コンさしすせそ」などがあります。「さすが〜!」「知らなかった〜!」「スゴ〜イ!」……というような男性を立てる相槌や返しの言葉です。ほかにも、「はじめて!」「かわい〜!」「ステキ!」という使い勝手のいい言葉があります。どれも、確かに男性が喜ぶであろうせりふなのですが、多用すると語彙が少なく、また、知性が感じられない印象となります。これらは、本当に感じたときにだけお使いになるようにしましょう。

もちろん、「マジ」「やばい」「めっちゃ」などの若者言葉や、「○○なんですけど〜」など語尾を伸ばす話し方も決してクレバーな女性には映らないので、普段から控えることが大切です。

語彙の豊富さは、あなたの育ちのよさや品性を感じさせる大きな要素のひとつです。なんでも「かわいい！」「ステキ～」ばかりではなく、「鮮やかですね」「荘厳《そうごん》ですね」「心地いいです」というふうに、ほかの言葉で表現するトレーニングをなさって、ボキャブラリーを増やしていきましょう。

また、「楽しかった」より、「今日は〇〇がとても楽しかった」。「お話しできてよかったです」より、「〇〇のお話がとっても興味深かったです」など具体的表現を意識することで、社交辞令と受け取られなくなるはず。豊富な語彙を使い分け、中身のある会話ができる大人な女性になりたいですね。

また、会話中はポジティブな言葉、感謝の言葉をたくさんちりばめましょう。ありがとうございます、助かりました、うれしいです、頼りになります、尊敬します、ご立派です――さらに、それらを具体的にお伝えできれば、あなたとの会話がより魅力的になり、「また話したい」と思ってくださるでしょう。

男性同士がビジネス現場で使わない動作やリアクションで距離を縮めましょう

植草美幸

◇かわいいしぐさは手元から！　必殺の3ポーズを決めましょう

出会いの場では、テーブルの上に手を出すと、場が華やかに見えます。婚活のお見合いはレストランやカフェで行われますから、真っ白のテーブルクロスから上となると、手の動きが非常に目立ってきます。お席が堅苦しくならないように、顔周りに手を持ってきて、表情や動きで女性らしさを出すのも効果的です。

そういう意味で、ネイルにも気を配ることをおすすめしています。もちろん、デコラティブなネイルはTPOにそぐわないことがありますが、ネイルをエレガントに変えるとカップを持ったりパソコンを打ったり、というちょっとした動作をしたりするとき、目に入ってきます。自然とネイルにふさわしいエレガントな動作をしたくなるので、自己暗示としても効率がいいのです。

人差し指を顎に当てて「う～ん」と考えたり、頬に両手を当てて「まぁ！」と驚いたり、口元を手で覆って「ウフフ」と笑ったり——手が顔に近ければ近いほどかわいい印象のしぐさになります。どれも男性同士がビジネス現場で使わない動作ですから、

「今、かわいい女性とデートをしている」というスイッチが入ります。デートでも、男性が「もう一回やって」と言いたくなるような、必殺のしぐさを3つは持っておくように指導しています。

◇「感嘆詞」で感情を乗せつつ、沈黙も回避

男性があまり身につけないピンク・黄色などのパステルカラーを着ると女性らしさを印象づけられるのと同じように、普段男性がビジネスの場で使わない言葉やリアクションは、距離を縮めるのに効果的です。

ぜひ「わぁ！」「あぁ！」「え〜！」などの感嘆詞を取り入れましょう。意味は同じでも、「ありがとうございます」では冷静過ぎるので、「わぁ、ありがとうございます！」のほうが、感情が乗っていて楽しい雰囲気になり、好印象ですよね。「えっ、うれしいです！」「わぁ、おいしいです」という瞬間の気持ちや感情を伝えるのは、コミュニケーションにおいてとても大事なこと。感嘆詞とあわせて、抑揚をつけて言うことで、無邪気でかわいい印象も与えられます。

会話が苦手な人は、お見合いで「こう答えたらよろしくないかな」と考えこんでしまい、気まずい沈黙になってしまうことがあります。そんなとき、考えながら「あ〜、

そうですね！」「わぁ、そうなんですね！」というふうに感嘆詞を会話のつなぎとして活用することもできます。

◇「大丈夫です」「すみません」は便利だからこそ避けて

一方、受け答えやリアクションとして使わないほうがいい言葉や、NGワードを挙げておきましょう。

使いがちなのが「大丈夫」です。「お料理をお取りしますか？」に対して、「もうお腹いっぱいです」「いえ、結構です」ならいいのですが、「大丈夫です」だと意思表示があいまいで、幼稚に見えます。相手にどっちかなと思わせる受け答えは、大人としての気づかい不足なのです。

「すみません」もダメですね。連発すると雑に見えてしまいます。謝罪・感謝・依頼という3つの意味をひとつの言葉に集約している便利な日本語なのですが、なんでも「すみません」で済ませるのは好ましくありません。シーンごとに使い分けたほうが言葉を丁寧に扱っている印象になるでしょう。

◇ヘラヘラ笑いでごまかすだけでは、知性がない印象に

実際、婚活の現場でも知性に欠けるリアクションは、ハイクラスの男性から厭《いと》われるようになってきています。ある男性会員さまは年齢40歳、年収1200万円の一流企業の会社員男性でした。10歳年下の美人女性とのお見合い後、お断りしたいと連絡があったので理由をお聞きすると、「ヘラヘラ笑っていたから」と言うのです。

意外なお答えに驚いたので、「お見合いですから、笑顔だったのでしょう?」とお聞きすると、「結婚後の話を真剣に聞いてもちゃんと答えず、笑いながらごまかしたり、はぐらかしたりするので、だんだん馬鹿にされているようで気になってしまって。正直、不愉快でした」と言うのです。

要は、仕事でもきちんと自分が会話に参加していないのでしょうね。主体性に欠け、お飾りになるクセがついてしまうのは怖いことです。

お見合いの最後に、「僕に何か質問ありますか?」と聞いたら、「ウフフ、何もないです」と言われ、お断りを決めたそうです。実は彼は、毎回この質問を相手に聞くのです。確かに、ビジネスにおいて「質問がない」というのは相手に興味がないという意思表示。婚活やデートでも、お近づきになりたいお相手に対しては避けたほうがいいことのひとつでしょう。

テーマ07

良縁をつかむ人の会話テクニック

聞きにくいお金や家庭環境のリサーチは、「逆時系列」と「and You」の会話術で！

植草美幸

出会いの場面の会話を、ただの世間話で終わらせてしまうのは非常にもったいないこと。良縁をつかみたいなら、ただ目の前の人と距離を縮めて仲よくなることだけではなく、この出会いが良縁かを探るリサーチも、重要な目的だと心得ましょう。

知っておきたいのは相手が培ってきた文化です。文化というのは、家柄、家庭観、結婚観、仕事観、働き方、お金の価値観や使い方、人間関係、時間の使い方など多岐にわたります。ですから、唐突に「あなたの文化や価値観を教えてください」と問われても、みなさん答えられません。

◇「逆時系列」と「and You」で何を聞く？

そこで私がおすすめしているのが、現在から過去に遡る「逆時系列の法則」と、自分が先に話してから、あなたは？　とお聞きする「and You の法則」という会話術です。婚活の場合、お見合いは60分一本勝負なので、必要な情報を逃さずお聞きするために指導している内容です。

◇現在のお勤め先やポジションから遡る

まずは「現在はＩＴ企業の○○にお勤めなのですね。お聞きしたところによると、数万人の社員さんがいらしてすごく大きな会社ですよね」というふうに現在のプロフィールについて、ポジティブな感想を述べます。

現在の仕事について、「今どんなプロジェクトをやっているんですか？　何人くらいのどういうチーム編成なのですか？」ということを聞くと、その会社やチームの中でのポジションも見えてきますから、将来性や出世できるかどうかも見えてきます。

これから転職するつもりなのか、あと何年くらいこの会社で働きたいのか、退職するのは何歳くらいを考えているのか、という未来についても合わせてお聞きしましょう。

さらに、現在の会社名で調べると、何年目でどれくらいの年収になるのかわかりますから、年収をハッキリとお聞きしにくいような関係性でも、直接聞くことなく探りを入れることができます。年収がわかっていても、全体平均に対して出世が早いタイプかどうか、将来性がどうなのかも見えてくるはずです。

転職経験があれば、「その前はどんな会社・業種だったのですか?」と遡りつつ、回数やきっかけについて聞いていきます。「どうしてIT企業にお勤めになろうと思ったんですか?」とお聞きすると、「もともとプログラミングに興味があって、大学でも専攻していたので……」というふうに学生時代のお話につながっていきます。

◇努力を聞き出して、ねぎらいの言葉をかける

そこからは「プログラミングは、いつから、どういうきっかけで興味を持たれたのですか?」「どうしてそこの大学に行こうと思われたのですか?」「高校のときは何か部活はなさっていたのですか?」とドンドン遡っていきましょう。

過去の苦労や努力をお聞きしたら、ねぎらいを込めた言葉をかけてあげることも大切です。例えば、「まぁ、高校は県外へ進学されたのですね、往復何時間くらいですか?」「3時間くらいかかっていましたね」「わぁ、それは大変でしたね! それで部活も勉強も一生懸命されていたなんてご立派ですね!」というふうに。過去のことはいえ、褒められた気分になるものですし、「そこを拾ってくれるこの子って気づかいがすごいいな、居心地がいいな」と思ってくれます。

◇あなたの質問が3割、彼の答えが7割に

いずれも、3：7の割合で、相手に多くしゃべらせることを意識して、質問をしていきます。「私は大学には実家から通っていました。鈴木さんは大学生のときは一人暮らしだったんですか？　なにかアルバイトをされていましたか？」というふうに、自分の話→相手の話というふうに話を振っていきます。こうすることで、尋問になり過ぎることなくたくさん質問できますから、相手は「自分に興味を持ってくれた、好意を寄せてくれている」とうれしくなるものです。

◇習い事を聞けば、家庭観や教育費が見えてくる

幼少期の話、特に子ども時代の習い事は重要です。会話のキャッチボールを2～3往復するだけで、相手の家柄や親子関係、教育費や塾代にどのぐらいかけていた家庭か、ということが大まかに見えてきます。

例えば、「私はピアノ教室に通っていました。鈴木さんは何をなさっていましたか？」「年長さんから公文式と剣道に通い、小3からは進学塾にも通われたのですか。習い事にはおうちに帰ってから行かれたのですか？　学校の帰りにお1人で通ってい

らっしゃったのですか?」。これでだけで、未就学児から月額2万円以上の習い事をしていらしたこと、週3回以上送り迎えがあるのでお母さまはおそらく専業主婦、中学受験を見据えて早々から月額4、5万円以上の教育費をかけたことが推測できます。

◇彼のご両親や祖父母のなれそめまで掘り下げて

お父さまお母さまのなれそめやお見合い結婚かどうかをお聞きし、ご実家の話も掘り下げていくと、ご実家の相続状況についてもわかってきます。さらに、「鈴木さんのお父さまはどちらにお勤めですか? 埼玉県のご実家はお父さまの代からですか? お祖父さんは健在でいらっしゃいますか?」とお聞きしてみましょう。「実家は祖父の代からです。祖父がもともと九州地方で鉄鋼業を経営しておりました。その後、父の代で埼玉に移動しまして……」などとおっしゃれば、相続の状況も逆算できます。

勘違いしてほしくないのは、お金や財産目当てではなく、相手が育ってきた環境と自分が擦り合うかどうか、もしくは自分の思い描く結婚生活を一緒に歩んでくれるかどうかが重要だということ。

もちろん、聞き方や節度は守っていただきたいですが、安易に「話すことがなくて、沈黙になってしまった」ということなく、ぜひ彼のバックグラウンドをもう一歩、掘り下げてみていただきたいのです。

実際、お見合いのあと「じゃあ、彼の幼少期の習い事は？　彼のご兄弟は何をしていらっしゃるの？」とお聞きすると、「聞いていないからわからない」と、みなさんおっしゃいます。

「雰囲気がなんとなく好き」というのは表面的な感想でしかありませんから、どんなに相手の条件がよくても、良縁かどうか判断できません。まずは相手をよく知り、自分が相手とお付き合いしたらどうなるか、自分の未来予想図とうまくミックスして幸せになれそうか。それを早く見極めるためにも、根掘り葉掘り聞いて未来を組み立ててみましょう。

社交の場では〝10個の話題〟を準備するのがマナーです。定番の質問でも価値観や家族観を品よく探るコツ

諏内えみ

私は、生徒さんがお見合いや婚活パーティ、初回のデートに行かれる際は、あなたとの会話を楽しい、心地よい、そして賢いと感じてもらえるように、「話題を10個用意してから出かけてください」と申し上げております。

特に初対面の方にお会いするときは、それが大人の社交マナーです。時事ニュースに関しても知識として心得ておき、自分の意見を柔らかく伝えられるようにしておくことも必要でしょう。

そのためには、日頃から知識も語彙も増やすよう心がけを。身だしなみだけ整えてかわいくしても、中身が伴わないのでは決して「育ちがいい人」とは言えず、良縁は遠ざかります。会話に苦手意識がある方でしたらなおのこと、こういった準備が大切なのです。

さて、最も聞きやすい質問といえば、「どのようなお仕事でいらっしゃるんですか？」と「お休みの日は何をなさっているのですか？」でしょう。

すぐに具体的な会社名や役職を尋ねるのはマナー違反ですが、業界や部署に関することでしたらお聞きしやすいですね。

休日の過ごし方では、趣味やこれからのデートのビジョン、そして、嗜好や生活水準などもわかってきます。

お相手の趣味のお話になった際は、興味を示してお聞きするのもエチケットです。「それ、私もとても興味あるんです」「もっと聞かせてください」と喜んで聞いている姿を見せれば、「じゃあ今度一緒に……」と次のステップにつながりやすくなります。

学生時代のクラブや部活動、習い事についての会話も、その方が育ってきた環境やご家族の考え方も垣間見えてきますし、「私も習っていました！」と共通する体験が見つかるかもしれません。

話が弾んできて、失礼とは受け取られないシチュエーションになりましたら、「お住まいはどちらのあたりですか？」など、まずは具体的な地名ではなく、大まかなエリアをお聞きになってもよいかもしれません。「そちらを選んだのはどうしてなんですか？」と質問してみると、住まいや暮らしにまつわる好みや価値観も見えてきます。

ご家族のことを聞きたい場合は、「お正月やお盆はご実家で過ごされるのですか？」という踏み込み過ぎない言い回しはいかがでしょうか？

一対一のお見合いでは結婚が目的であるため、個人情報に関する質問をなさることもあるでしょう。ただし、友人や知人を交えてご紹介される場面や、社交の場など複数で会話をするような場では、質問にも配慮しなければなりません。そんなとき、このような尋ね方を知っていれば、どんなシチュエーションでも失礼なく、お聞きしやすいはずです。

「先日は、妹夫婦も参加して大勢で集まりましたよ」などとおっしゃれば、「まぁ、妹さんも？　ご家族、仲がいいのですね」と和やかなお話を通して、家族仲やご兄弟との関係性も見えてくるでしょう。

テーマ *08*

良縁をつかむ人は、トラブルも好印象に変える

諏内えみ

ハプニングでも品よい気づかいを。相手の羞恥心や焦りを最低限に抑える

何かトラブルが起こったとき、どなたでも口にしてしまう言葉、それが「大丈夫⁉」でしょう。実は、この言葉掛けは相手を焦らせてしまったり、恥をかかせてしまうこともあるので注意が必要なのです。私の著書『「育ちがいい人」だけが知っていること』（ダイヤモンド社）を中田敦彦さんがご自身のYouTubeチャンネル『中田敦彦のYouTube大学』で取り上げてくださった際、最も反響があった内容のひとつがこの「大丈夫⁉」です。

よくある例として、相手の方がカフェで飲み物をこぼしてしまったときなど、私たちは思わず「あ、大丈夫⁉」「大丈夫ですか！」と言ってしまいがち。ですが、かえって騒ぎを大きくしてしまうことにもなりかねませんし、実は解決につながる言葉ではないのです。では、どのように言い換えればよいでしょうか？

私のおすすめは、疑問形にはせず、「大丈夫ですよ」「大丈夫よ」とイントネーションを変えること。「大丈夫です、このおしぼりを使ってください」「今、お店の方に拭くものをいただくので大丈夫です」と言ってもらえると……こぼしてしまった当人は安心なさいますし、恥ずかしさも軽減されるはずです。

カバンの中身や書類などを落としてしまったときも同様です。「大丈夫、こちら私が拾いますので」と落ち着いた口調でおっしゃったら……相手に寄り添った言葉に、あなたの品のよさと余裕を感じ、ますます好意を持ってくれることでしょう！

◇デートに遅れたときこそ逆転の言葉選び

本来マイナスイメージを与えてしまう遅刻。でも、ハプニングやトラブルのときこそ、あなたの育ちや品性が色濃く映し出されるものなのです。お詫びと共に心づかいあるプラスαなひと言で逆転を！

当然、何の連絡も入れずに時間に遅れるのはエチケットに反します。特に、はじめてお目に掛かるときや、初デートのとき、「急げば間に合うかもしれない」「遅れても1〜2分だから」というお考えはNGです。間に合うかもしれないけれど、遅れる可能性もある、とわかった時点で、できるだけお早目に連絡を入れましょう。「申し訳ありません。電車が大幅に遅延しており、到着が数分遅れそうです」「ごめんなさい、5分ほどお待たせしてしまうかもしれません。急ぎます！」など、お知らせできれば、彼も心構えやその時間を有効に使うこともできます。

無事、お会いできたときには、遅刻の理由や言い訳は二の次。まずはお詫びを伝えるのが優先です。そのあと「でも、お会いできてよかった」や「待っていてくださってありがとうございます」などの言葉が添えられる女性は素直でかわいらしく、どなたからも愛されるでしょう。このとき、走り寄れれば、さらに印象がアップしますね。

逆に、相手の方がやむを得ない事情で遅れる連絡が入ったら？　そんなときも、ぜひ思いやりある寛容な言葉を。「大丈夫ですよ。お会いするのを楽しみにしていますので、気を付けていらしてくださいね」などと、寄り添う言葉が言えたら合格です！

◇どうする？　デート中の電話やＬＩＮＥ

彼と一緒のときに、どうしても出なければならない電話やメールが入ったら、あなたはどうしていますか？　何も告げずに、もしくは「あ、すみません」と出るのはいいイメージではありません。お会いしている際に大事な電話が掛かってくる可能性がある、とわかっているときは、事前にそれをお伝えしておくのが賢明です。

「すみません、仕事の電話が入るかもしれないですが、そのときは5分だけ出てもいいですか？」「申し訳ありません、のちほどメールが入る予定なのですが、失礼して確認してもよろしいですか？」――このように事前に彼の承諾を得ておくと、いざ電話があった際にも「どうぞ、ご遠慮なく」と、彼も気持ちよく促してくれるはずです。予想外の急な連絡があった場合も、「あ、すみません、会社からなのですが出てもいいですか？」と尋ねるようにするのが、失礼にならないコツです。

◇言いにくいことの伝え方

相手の髪や肩などにホコリやゴミがついていたり、洋服にほつれなどがあったりしたら、「ゴミがついていますよ」とストレートにおっしゃるより、「あ、何かしら？どこでついちゃったのかしらね？」「もしかしたら、さっきの所でひっかけてしまったんじゃない？」と、あくまでもさり気なくごく自然にお伝えするのも思いやりです。食事中、彼の服にソースが飛んでしまったときなども、「私もよくこぼしちゃうから、シミ取りを持ち歩いているの。使ってください」と差し出されたら、相手の気持ちを楽にさせられる上に「気が利く女性」と好印象になるでしょう。相手の羞恥心や焦りの気持ちを、最低限に抑える言葉がけができるのが、賢い大人の女性です。

お店選びやTPOのトラブルは自己主張で回避。相手の遅刻は気づかいを見せるチャンス！

／植草美幸／

デートのトラブルで多いのは、飲食店選びです。サイゼリヤなどファミレスでのお食事デートはありかなしか、という話が定期的にSNSで話題になりますね。

私の考えでは、高級である必要はないので、3つのポイントを抑えることが大切です。席の予約ができ、テーブル会計ができ、向かい合って話ができる静かで落ち着いた店内であることです。

予約できれば、満員で行列に並んだり、別のお店が見つからなかったり……という余計なトラブルやネガティブ要素は生まれません。テーブル会計も同じで、スマートな支払いがしやすいから。

静かで落ち着いた店内については、こんなトラブル事例があったからです。あるカップルはデートではじめて訪れたお店に入ったところ、想像以上に店内が騒がしく、隣の席との距離も近くて会話が丸聞こえだったそう。女性は、「隣の席にパパ活風のカップルがいて興ざめしました。こちらの話も聞こえていると思うと、話をする気にならなくて……」とうんざり。男性はネットの評判がよかったから選んだそうですが、あとの祭りです。デートでぶっつけ本番のお店選びは避けたほうがいいですし、いざ入って気になることがあったら、「お店が騒がしくてお互いの声が聞こえにくいので、別のお店にしませんか？」とすぐに店を出る提案をしていれば、雰囲気を害することはなかったでしょう。

デートでドレスコードのトラブルが発生することがあります。ある男性はレストランで押し問答になりました。

「これ、アルマーニのパーカーだから」とジャケット着用のレストランに入ろうとして、「申し訳ございません。当店ではジャケットをお貸出しできますので、着用いただけますでしょうか」と止められるも引っ込みがつかず。「でも、これ上下で20万近いからさぁ～」と言い訳をし、相手女性は恥ずかしくて顔から火が出たそうです……。

女性側も、「どこに行きますか？」ということは事前に聞いておきたいものです。

本来、デートの日時と合わせて、場所や行き先を決めるのがスムーズ。そこで、「○○に行くなら、カジュアルでいいかしら？」「私はこれを着て伺いたいので、あなたはジャケットを着てきてくださる？」というふうに連絡し合うのも楽しみのひとつです。

青春出版社
出版案内
https://www.seishun.co.jp/

臨床経験35年の
小児脳科学者が説く
“理解と対策”

「発達障害」と間違われる子どもたち

成田奈緒子
新書判 1155円

©秋葉あきこ

13年で
約10倍に急増!
増えたのは本当に
「発達障害」なのか

978-4-413-04665-7

青春新書 INTELLIGENCE

〒162-0056 東京都新宿区若松町12-1　☎03(3207)1916　FAX03(3205)6339
書店にない場合は、電話またはFAXでご注文ください。代金引換宅配便でお届けします(要送料)。
＊表示価格は税込価格。

2304-A

青春新書 INTELLIGENCE こころ涌き立つ「知」の冒険

青春新書インテリジェンス

いちばん効率がいい すごいジム・トレ
この本はポケットに入るあなたのパーソナルトレーナーです
坂詰真二
1100円

「メンズビオレ」を売る 進学校のしかけ
ユニークな取り組みを行う校長が明かす、自分で考え、動ける子どもが育つヒント
青田泰明
1133円

結局、年金は何歳でもらうのが一番トクなのか
年金のプロが、あなたに合った受け取り方をスッキリ示してくれる決定版!!
増田 豊
1089円

日本人が言えそうで言えない英語表現650
〝日本人の英語の壁〟を知り尽くした著者の目からウロコの英語レッスン
キャサリン・A・クラフト【著】
里中哲彦【編訳】
1078円

教養としてのダンテ「神曲」〈地獄篇〉
700年読み継がれた世界文学の最高傑作に、いま、読むべき時代の波が巡ってきた!
佐藤 優
1485円

世界史で読み解く名画の秘密
あの名画の神髄に触れる「絵画」×「世界史」の魅惑のストーリー
内藤博文
1485円

人生の頂点(ピーク)は定年後
自分らしい頂点をきわめる一番確実なルートの見つけ方
池口武志
1078円

相続格差
相続で縁が切れる家族、仲が深まる家族の分岐点とは?
税理士法人レガシィ 天野 隆
1067円

俺が戦った真に強かった男
〝ミスター・プロレス〟が初めて語る外からは見えない強さとは
天龍源一郎
1089円

NFTで趣味をお金に変える
趣味や特技がお金に変わる夢のテクノロジーを徹底解説!
tochi(とち)
1155円

ドイツ人はなぜ、年収アップと環境対策を両立できるのか
ドイツ流に学ぶ、もう一つ上の「豊かさ」を考えるヒント
熊谷 徹
1078円

【最新版】脳の「栄養不足」が老化を早める!
「オーソモレキュラー療法」の第一人者が教える、脳のための食事術
溝口 徹
1166円

人が働くのはお金のためか
誰もが幸せになるための「21世紀の労働」とは
浜 矩子
1210円

弘兼流 好きなことだけやる人生。
弘兼憲史が伝える、人生を思いっきり楽しむための〝小さなヒント〟
弘兼憲史
1089円

「発達障害」と間違われる子どもたち
子どもの「発達障害」を疑う前に知っておいてほしいこと
成田奈緒子
1155円

井深大と盛田昭夫 仕事と人生を切り拓く力
仕事と人生に効く、名経営者の力強い言葉の数々を紹介
郡山史郎
1078円

2304-B

四六判・B6判並製

リタイア夫の妻たちへ
整えたいのは家と人生　実は夫もね…
マダム市川がたどり着いたハウスキーピングと幸せの極意
市川吉恵
1694円

ベスト・オブ・平成ドラマ！
30年間に映し出された最高で最強のストーリーがここに
小林久乃
1650円

87歳ビジネスマン。いまが一番働き盛り
人生を面白くする仕事の流儀とは
郡山史郎
1540円

司書さんもビックリ！図書館にまいこんだ
こどもの大質問
かわいい難問・奇問に司書さんが本気で調べ、こう答えた！
こどもの大質問編集部【編】
1485円

奇跡を、生きている
病気になってわかった、人生に悔いを残さないための10のヒント
横山小寿々
1650円

1秒で攻略
英語の落とし穴大全
日本人がやりがちな英語の間違いをすべて集めました。
佐藤誠司【著】
小池直己【著】
1859円

プロスポーツトレーナーが教える
背骨を整えれば体は動く！ラクになる！
根本から体が変わる。1分間背骨エクササイズを初公開！
木村雅浩
1595円

いぬからのお願い
たくさんの動物たちと話してきた著者が贈る愛のメッセージ
中川恵美子
1628円

日本初のバストアップ鍼灸師の
「胸(バスト)」からきれいに変わる自律神経セラピー
肩こり、腰痛、冷え…女の不調のサインは「胸」に出る！
[illegible]
1650円

必ずできる、もっとできる。
大学駅伝3冠の偉業を成し遂げた、新時代の指導方法とは
大八木弘明
1650円

古代日本の歩き方
古代日本の実像は、いま、ここまで明らかに―。
瀧音能之
1705円

保健室から見える
本音が言えない子どもたち
思春期の生きづらさを受け止める「保健室」シリーズ最新刊！
桑原朱美
1540円

どんどん仕事がはかどる
「棒人間」活用法
絵心が無くても大丈夫！誰でも描けて、仕事がはかどる魔法のイラスト
河尻光晴
1650円

子どもの一生を決める
「心」の育て方
読むだけでわが子の心が見えてくる！
山下エミリ
1595円

100の世界最新研究でわかった
人に好かれる最強の心理学
科学が実証した、正しい「自分の魅力の高め方」がわかる本
内藤誼人
1705円

しみる・エモい・懐かしい
大人ことば辞典
令和の今だからこそ心に響く、洗練された日本語辞典
ことば探究舎【編】
1595円

表示は税込価格

A5判・B5判 見ているだけで楽しい本

はじめまして「痩せパン」です。
パンを食べながら痩せられる「罪悪感ゼロ」のレシピ本、できました！
小野由紀子 1606円

60歳からの疲れない家事
60歳は〝家事の棚卸し〟の季節です
本間朝子 1540円

見るだけでわかる！ 認知症が進まない話し方
10刷出来の『認知症が進まない話し方があった』の実践イラスト版！
吉田勝明 1595円

ビジュアル版 ずっと元気でいたければ60歳から食事を変えなさい
8万部突破のベストセラーがカラー図解で新登場！
森由香子［著］ 川上文代［料理］ 1650円

問題解決の最初の一歩 データ分析の教室
物語で学ぶ、初めての「エクセル×データ分析」
野中美希［著］ 市原義文［監修］ 1925円

大学生が狙われる50の危険
学生と親のための安心・安全マニュアル決定版!!
株式会社三菱総合研究所 全国大学生活協同組合連合会 日本コープ共済生活協同組合連合会 奈良由美子 1100円

ウサギの気持ちが100%わかる本
ウサギとの絆が深まる、対話&スキンシップ&お世話のコツ！
町田 修［監修］ ウサギぞっこん倶楽部［編］ 1848円

ひといちばい敏感な人のワークブック
読むだけでセルフケアカウンセリングができる、はじめての本
エレイン・N・アーロン 2948円

こころを支える「教え」の真髄

［新書］**図説 あらすじでわかる！ 日蓮と法華経**
なぜ法華経は「諸経の王」といわれるのか。混沌の世を生き抜く知恵！
永田美穂［監修］ 1246円

［新書］**図説 一度は訪ねておきたい！ 日本の七宗と総本山・大本山**
日本仏教の原点に触れる、心洗われる旅をこの一冊で！
永田美穂［監修］ 1331円

［新書］**図説 地図とあらすじでわかる！ 釈迦の生涯と日本の仏教**
知るほどに深まる仏教の世界と日々の暮らし
瓜生 中［監修］ 1386円

あの神様の由来と特徴がよくわかる 日本の神様の「家系図」
日本人が知っておきたい神様たちを家系図でわかりやすく紹介！
戸部民夫 1210円

日本人なら知っておきたい！ 神様と仏様事典
神様・仏様そして神社・お寺の気になる疑問が、この一冊で丸ごとスッキリ！
三橋 健 廣澤隆之［監修］ 1100円

［新書］**図説 神道の聖地を訪ねる！ 日本の神々と神社**
日本の神様にはどんなルーツがあるのか、日本人の魂の源流をたどる一冊
三橋 健 1309円

［新書］**図説 仏教の世界を歩く！ 日本の仏**
仏様のその姿、形にはどんな意味とご利益があるのか、イラストとあらすじでよくわかる！
速水 侑［監修］ 1309円

［新書］**図説 極楽浄土の世界を歩く！ 親鸞の教えと生涯**
[illegible]
加藤智見 1353円

表示は税込価格

青春出版社のウェブ・マガジン 青春オンライン

Seishun Online

公式note始めました！

新刊情報や連載記事など

見逃せないホットな情報がいっぱい！

出版社の豊富なコンテンツ、情報収集力を活かし、
クオリティの高い記事を配信しています。

続々配信中！
https://note.com/seishun_pub

登録不要！すべての記事を無料でお読みいただけます

自費出版のお知らせ

あなたの「想い」を
本にしませんか

ベストセラーを手がけた編集者と
装丁デザイナーが、あなたの本を担当
します。最高の本を創りましょう。

法人向けカスタム出版も好評です。

青春出版社 自費出版 で検索

Tel.03-3203-5121

©R&S COMMUNICATIONS

ミーポンとキヨチの

青春 読書のーと

第127回「イタズラ命」の巻

©R&S COMMUNICATIONS

100の最新研究でわかった
人に好かれる最強の心理学
立正大学客員教授
内藤誼人
相手に好かれてしまえば、仕事も恋も人間関係もうまくいく!
四六判
1705円
978-4-413-23296-8
ご案内・ご注文
新刊・既刊・イベント情報を更新中!ぜひご覧ください。
HP
twitter

行き先が決まっていないなら、デート前に着ていくお洋服の写真をＬＩＮＥで送って、「今週末のデート、お会いできるのを楽しみにしています。ＴＰＯに合わせてお洋服を選んでいるところです。私はこのワンピースを着ていこうと思っていますが、行き先は決めていますか？」とお伝えしてもかわいらしいですね。

婚活している女性が、「ヒールなのに、こんなところに連れて行かれて疲れた」「相手男性の服装がＴＰＯに合っていなくて恥ずかしかった」とおっしゃることがあるのですが、事前に確認をしなかったなら、自分にも落ち度があると考えるべきです。

食事の内容でも、好きなものじゃなかった、苦手なものが多くて食べられなかった、というクレームを聞くことがあります。

そもそも相手に丸投げせず、好きなものを決める、もしくは苦手なものやアレルギーをきちんと伝えれば、嫌いなものが出てくることはありません。「申し訳ないのですが、私、○○はいただけないのです」とはっきり端的に伝えたほうが好印象。コース料理ならば、お店側が聞いてくれることもありますが、もし聞かれなければ自分からごまかさずに伝えましょう。

遅刻もデートのトラブルのひとつですが、「相手が遅刻したらラッキー、気づかいの見せどころよ」とお伝えしています。

婚活の現場では、お見合いの時点で連絡先を交換していませんから、相手が待ちぼうけにならないように時間厳守です。できればお互い15分前くらいに到着して、男性が少し先についているのが望ましいとしています。

実際は、女性が10分前くらいに到着して、男性は待ち合わせ時間ギリギリに到着するケースがときどきあります。遅刻と言わずとも到着時間が遅いことによる女性からのクレームは少なくありません。

超多忙な弁護士の男性が、どうしてもお見合いに遅れてしまうという事態がありました。女性が当社の会員さまでしたから、彼女に連絡し、「こういう事情で彼が遅れていますが、相手が遅刻してくるのはラッキーよ。気づかいを見せるチャンスです。店内に入って待っていてね」と伝えました。

すると彼女は、「私、外で立って待っています。今日のステキなワンピース姿を見ていただきたいから」と言ったのです。

15分ほどたって到着した彼は、外で待っていた彼女を見て「申し訳ありません。寒いところでお待たせしちゃって……ケーキでも何でも好きなものを召し上がってください」と慌てていたところ、彼女は「お会いできてうれしいです。あら、汗をかいていますよ。はい、ハンカチ」とニッコリ。

彼女は一般的なプロフィールで埋もれがちでしたが、「遅刻しても優しく受け入れてくれたことが印象に残った」「気づかいや所作の美しさに惹かれた」ということでこの彼と交際希望に進み、結果的に一発で形勢逆転させました。

ほかにも、「〇分にいらっしゃると事前に伺っておりましたので、本屋さんに寄っていたので大丈夫ですよ」とフォローするのも気づかいです。ある20代の女性会員さまは「気にしないでください。待っている間、そこのお花屋さんで花を見ていて、とてもいい時間を過ごせました」と笑顔で言って、遅れてきた男性をフォローしました。当然ながらそちらも交際成立となりました。

テーマ 09

良縁をつかむ人は、「また会いたい」と思わせる

大人の俯瞰力で、女性らしさを表現。食べ方で愛される？ フラれる？

諏内えみ

「また会いたい」と思わせるためには、品よく素敵な装いやヘアメイクだけでなく女性らしい所作やしぐさ、気づかい、言葉づかいが必要です。

過度な女性アピールや媚びた〝ぶりっ子〟をすることではありません。男性とは異なるエレガントさを秘めているかどうかです。

そんなあなたを前にしたら、きっと、「今僕はこんなにかわいらしく素敵な女性とデートしていて幸せだな」「またすぐ会いたい」と感じてくれるでしょう。

例えば、目線を下げ、スカートを気にしながらゆっくりと座るしぐさ。何かを取り上げるときや差し出すときに逆の手も添える丁寧な所作。携帯などの小物も鷲づかみせず、指先がスッときれいに見えるようにエレガントにつまみ上げる姿……そんな何気ないひとつひとつのふるまいこそが、彼をハッとさせることができるのです。

◇共有、共感で距離を縮める

小さな出来事でも「楽しい」「うれしい」「悲しい」という感情を共有できると、2人の距離はグッと縮まります。「今日は本当にいい日だわ、お誘いいただいてありがとうございます」「楽しいです！　連れてきてくださってありがとう」などが素直に言えると、どなたでもうれしくなるもの。「また、彼女を楽しませてあげたいな」「次はもっと喜ばせてあげたい」と思うのが男心でしょう。

◇食べ方は伴侶を見分ける測り

食事のマナーはお互いが心地よい時間を過ごすための重要な要素です。食べ方というものはその人の品性や育ち、食材や料理人への感謝の心、美意識、そして生き方のすべてが表れます。一緒に食卓を共にして居心地が悪ければ、結婚生活が難しくなる場合も少なくないからです。平日は2食、休日は3食を共にすることもありますから、それぞれが当たり前に思っている、そして当然のように行ってきた所作やマナーに相違があれば、不快感が生じるのはごく自然なことでしょう。

実際に、私のマナー教室でも、パートナーにテーブルマナーを指導してほしいという声が絶えません。もちろん、ご一緒に受講されるカップルやご夫婦もいらっしゃいます。「私の言うことは全然聞かないので、主人を送り込ませてください！」という奥さまからのご依頼もあります。

深刻なのは、ご結婚前、男性のテーブルマナーに心配や不安を持たれ、女性が男性に受講させるケース。「お付き合いしている彼の食べ方だけがどうしても嫌なんです」「彼と一緒に食べるのが恥ずかしくて……」「彼女からマナー講座に行ってこいと指令が出まして」と和食、洋食のマナーを受講されます。

そして、もっと深刻なのは……その逆！「両親に彼女を会わせる前に、先生のレッスンを受けてもらいたくて」「このままでは僕の母親との食事に連れていけないので……」と、男性のほうから彼女の指導を頼まれるケース。実を申しますと、こちらも少なくないのです。

ご自身が既にマナーと立ち居振る舞い全般のレッスンを受けていらした30代男性の生徒さんは、もちろんテーブルマナー講座も幾度か受講いただいていました。ある日、「彼女は見かけも性格も申し分ないのですが、食事のマナーや食べ方が問題で……。僕からはちょっと言いにくいのでぜひ先生から……。『受講料出してあげるから行ってみれば?』とさり気なく伝えましたので」という依頼をされたのも、つい最近のことです。

ここで、「男性がガッカリしてしまうテーブルマナーの落とし穴あるある」をご紹介しましょう。100年の恋も冷める……かもしれませんので要チェックです!

【頭頂部が見える】

姿勢が悪く猫背になりがちな方に非常によく見られるNGな食べ方です。顔をお皿に近づけて食べる姿は犬食いともいわれ、何ともお行儀が悪く、同席の男性に不快感を与えてしまいます。

【手皿をする】

お料理がお箸やフォークからこぼれるのを想定し、その下に逆側の手を添えて口元まで運ぶのが〝手皿〟です。「上品に見える」と勘違いしている女性も多いことにはいつも驚きますが、実はこれ、立派なマナー違反。マナーを心得ている男性から見ると、とても恥ずかしい所作となります。

【ナイフが挑発的!?】

私のテーブルマナー講座で毎回注意させていただくのが、ナイフの向きに関するN

Gマナー。ナイフの刃を相手側や外側に向けるのは大変失礼な行為となります。常に内向きになるよう十分ご注意ください。

【深刻な音問題】

食器やカトラリーの音も気になるものですが、それ以上に不快に感じるのが、咀嚼音。これは口を閉じて召し上がれば簡単に解決します。もうひとつは、食べながら喋ってしまう方。食べ方の基本エチケットにもかかわらず、女性に意外と多いマナー違反となります。

【スピードが速い】

男性より遅く食べなければいけない、というわけではありません。ただし、食事を共にするときのマナーは、相手のペースに合わせること。優雅さにも欠けたイメージとなりますので、改めて見直しましょう。

【三手ができない】

お箸を取り上げて持つ動作をしてみてください！　さて、まずどちらの手で取り上げましたか？　利き手で取るのはOKですが、そのまま使ってしまうのはNGです。

本来、お箸は三手と言われる3ステップで持ちます。利き手でお箸を取り上げ、逆の手で下から支え、再度利き手を下に持ちかえる……これをせずに、1回でお箸を持ってしまったり、利き手でない方から取り上げる二手（！）は、下品に映ることを覚えておきましょう。

［きらい箸］

どれを選ぼうかウロウロさせる迷い箸、食べ物を突き刺す刺し箸、お箸で器を引き寄せる寄せ箸、どれも和食の席でお行儀が悪いとされる〝きらい箸〟。大人の女性として恥ずべき所作となるので気をつけてくださいね。

あなたはひとつも問題なかったでしょうか？　どんなに容姿が美しくても、一緒に食事をした際にガクッと印象が下がってしまっては本当に残念なことです。

人は誰しも、ある程度の年齢になれば自分の所作や見え方を少なからず気にするもの。もし、食事のマナーを自身で育ててこなかった方は、今すぐ見直して、ぜひ「育ちがいい人」に変えていきましょう。

損して得を取る、相手が心地よい「お支払いマナー」

植草美幸

◇食事マナー違反で破談に

婚活の現場でも男女問わず、マナー違反による破談があります。

ある男性会員さまは、一代で財を成した投資家。お金持ちでイケメンなので女性からのアプローチは多数あるのですが、実は「食べ方が汚い」という弱点がありました。あるときは、ファーストデートでイタリアンに行き、パスタを頼むと、お皿を持ち上げてズルズルズルッと音を立てて一気食い。女性側は「洋食マナーが苦手なのかも。次は和食にしてみよう」と、もう一度デートしてみることに。しかし、結果は大惨事。箸の持ち方はダメ、犬食いにクチャクチャ音、ゆっくり食べられず懐石料理の冒頭から「白ごはんください」、手持ち無沙汰になって貧乏ゆすりなど など……生理的に無理でした、と破談になりました。

いくらお金持ちでも、自分のマナーやふるまいに気を配れない人や、自分を客観的に見られない人もいますし、その逆もしかり。気づいたときに自分自身を振り返るようにしたいものです。

私立小学校ではマナーを学ぶ授業があるくらいですから、大人になってもテーブルマナーを知らないとなると、同じ席にご案内できません。

結婚となれば親族・ご家族との食事の場もありますから致命的です。男性がハイクラスだと「自分の妹と同世代の彼女には、妹と同レベルのマナーやふるまいが身についていないと家族には会わせられない」とおっしゃいます。

◇割り勘問題に終止符を！

もうひとつ、私からはお相手が心地よいお支払いマナーについてお伝えします。たびたびSNSを騒がせる「デートを割り勘にするかどうか？」という問題です。

ひと昔前は、〝デート代は男が払って当然〟という風潮でしたが、時代は変わり、若い世代ほど割り勘デートが浸透してきています。婚活の現場では、アラフォー以上の女性は「デート代は男が払って当然」「食事代を払ってくれないケチだった」とおっしゃることがありますが、当然、男性から敬遠されるようになっています。

とはいえ、奢る・奢らないは、相手との関係性や年齢差、年収差により見解が違ってきます。5歳以上の年齢差、年収が2倍以上の差がある場合は、全額お支払いするのが自然です。もしくは、お会計が1万円だったら6000円と4000円というふうに、少し差をつけてお支払いすることがあります。

ちなみに結婚相談所で初顔合わせにあたるお見合いでは、相談所のルールで、お茶代は男性に負担いただくことになっています。

お見合いをするのはホテルのラウンジが一般的ですから、コーヒー代にサービス料などを加えると、毎回3000〜4000円の負担となり、活動費が嵩《かさ》みます。ルールですので女性が財布を出して割り勘にするフリをする必要はありませんが、お会計や店を出たタイミングで「ごちそうさまでした、今日はありがとうございました」と伝え、交際希望であれば「またお目にかかれたらうれしいです」を加えると、スマートに交際の意思をお伝えできます。

ファーストデートは男性がお支払いくださるケースが多いですが、2回めからのデート代は割り勘を基本にしつつ、バランスを考えるのが気づかいです。一般的には、ファーストデートは男性が支払い、2〜3回目からは割り勘か、ケースバイケースで判断することが多いです。

結婚相談所を介さないファーストデートの場合は、お互いの交際の意思を確認するのはこれからという間柄でしょう。男性が全額支払うべきか、割り勘を切り出すべきか悩むケースもあるかと思いますので、女性のほうから「今日はごちそうさまでした。次回は私にもお支払いさせてください」もしくは、「もう少しお話ししたいので、このあと、お茶しませんか？　もちろん、私にごちそうさせてください」と切り出してもいいと思います。

お茶代ではバランスが悪いようであれば、次回お会いした際に小さなお土産を用意して、「先日、ごちそうになったのでお礼です」と言ってお渡しするのも気づかいを感じます。

割り勘にする際のお支払いは、3000円・5000円・1万円の新札をポチ袋に入れて持っておき、お店を出たら半額を目安にお渡しするとスマートです。

男性が受け取らない場合は、「では、お言葉に甘えて、今日はごちそうになりますね。次回は割り勘にしましょう」とお礼を言いましょう。

結婚相談所ですと年収が明らかになっていますが、そうでないと年収差の判断が難しいかもしれません。良縁といえるお相手とのデートとなると、やや男性が多めの割り勘が落としどころになるのではないかと思います。

最近は、交際したばかりで結婚も決まってもいないのに、奢られる気満々で「ごちそうさまです～」と言っていると、目上の方と遊び慣れている、清らかではないと勘繰られます。それが下品だという共通認識がない人間だと思われるのは、損しかありません。

逆説的に言えば、相手がハイクラスな男性であればあるほどごちそうし慣れているので、ポチ袋に入れた数千円をお支払いしようとすることで、「あ、この子、ちゃんとしているな」と好印象を残せます。

真剣に将来を考えたい相手であればあるほど、〝損して得を取る〟ということを考えてみてもいいのではないでしょうか？

テーマ10

良縁をつかむ人は、デートプランも主体的

自身の意見・思いやり、両方を持つ女性に。エスコートしやすいように、エスコートされましょう

諏内えみ

デートで行きたい場所や食べたいものを聞かれたとき、「どこでもいい」「何でもいい」と常に相手に合わせようとするのは間違った気づかいです。精神的に自立した育ちがいい女性であれば、自分の軸があり、意見を述べつつ、相手にも選択権のバトンを上手に渡すことができます。「今日はどこに行きたい?」と聞かれたら、「山下さんと一緒に○○や○○に行ってみたいわ」というふうに、相手の名前を入れつつ、具体的に2つ3つのご提案ができるのが理想です。

彼はあなたが答えてくれたいくつかの案から、自分も行きたい所や行きやすい場所を選ぶことができます。つまり、〝エスコートしやすいように、エスコートされる〟のです。これが、賢く、かつ思いやりある女性。食べたいものについても同様。「何でもいい」ばかりの女性はまったく魅力に欠けます。

続いて、さまざまなデートシーンを挙げながらお話ししていきますので、マナーよく距離を縮め、良縁につなげるためにあなたがすべきふるまい方や注意点をご確認ください。

◇レストランでの食事デート

お忙しい男性ほど食事のお店選びは、女性から提案してくれると助かるようです。任せっきりにしないでときどきは「今度こんな所に行ってみません？」とおっしゃってみてはいかがでしょう。

ハイクラスな男性は、グルメで気が利いたお店をご存じの方も多いので、女性からはあえてちょっと変化球なデートを提案してみるのもおすすめ。いつもと違う2人のシチュエーションを新鮮に思い、また、あなたの粋な案に新たな魅力を感じることでしょう！　A級グルメからC級グルメまで振り幅が大きければ大きいほど、そのギャップを楽しめ、思い出に残るデートになるはずです。

◇エレガントなエスコートの受け方

エスコートがスマートにできる男性はやはり素敵ですし、女性としてもとても幸せに思えますね。でも、せっかく彼がレディファーストで誘導してくださっても、「いえ、どうぞどうぞ」と遠慮してしまったら、エスコートを受けることに慣れていない、魅力が薄い女性というイメージを与えてしまいます。

彼がドアを開けてくれた、エレベーターや車でスマートに誘導してくれた……そんなときには、アイコンタクトを取り「ありがとうございます」とニコッと微笑む……エスコートを堂々と受け、かつ、きちんとかわいらしくお礼をおっしゃるあなたをさらに愛しく感じてくれるでしょう。

◇エスコート上手な男性ばかりとは限らない

もし彼がエスコートになれていなくても、あなたが半歩から一歩スッと前に出ることにより、男性が〝誘導しやすい流れをつくる〟ことができます。美しく受け笑顔でお礼を返せると、男性もエスコートしがいがありますでしょ？

◇メニュー選びを楽しむ女性はかわいい

「あっ、これおいしそう。いただいてみたいわ」「こちらどんなものかしら？　聞いてみましょうか」「これもいいけど、こちらもいいな。迷っちゃいます」など、レストランやカフェで彼と一緒にメニューを見る時間を楽しめる女性は魅力的でかわいらしいものです。もちろん、なかなか決められない、いつも優柔不断なのはNGですよ。

◇食事シーンは指先にエレガンスを

ナイフとフォーク、お箸を持つ手元や指先は意外と相手の視線に入ります。また、カウンター席に並んで座ったバーでも、彼の視線はあなたの手元に行きやすくなるもの。常にネイルや手元のケアをしておくことはもちろんですが、正しく美しいお箸の取り上げ方、持ち方、下げ方ができ、また、指先を揃えた所作を意識しながらワインやロングのグラスを持てると……細部に宿るあなたの指先エレガンスはきっとますます彼を魅了することでしょう。

◇車で優雅にエスコートを受ける

タクシーに2人で乗る際、レディファーストを心得ている男性でしたら、後部座席の奥側、つまり運転席の後ろに女性を誘導することは基本マナーとしてご存じのはず。ただ、スカートにハイヒール、そしてハンドバッグを持って、奥の席に移動するのは何とも大変なこと。下座の席のほうが助かることもあるでしょう。気が利く男性でしたら、「本来は奥をすすめるところだけど、乗りにくいよね。僕が先に乗ろうか？」とおっしゃってくれるかもしれません！

あなたは、「お先にどうぞ」と上座をすすめられたらどうなさいますか？　そんなときは、「ありがとうございます。でもね、奥は大変なので手前に乗せていただくわ」と微笑んでおっしゃってみてください。こういったことは早めにお伝えしておいたほうが、のちのデートで繰り返さずに済みます。

さり気なくかわいく彼を教育なさるのも、賢い女性のスキルです！

◇エレガントな車の乗り降り

車へ乗る際、足や頭から先に乗り込んでいませんか？　これは男性的な所作になり大きな減点です。レディとしては、まずシートに腰を下ろし、そして両足を揃えて車内に入れたいもの。降りるときはこの逆。両足が地面に着地してから立ち上がります。この所作には、意外と筋力を要しますので、デート前には必ず予習、筋トレを！

◇おでかけデート・遊園地

遊園地は大人のカップルには無縁かと思いきや、ディズニーランドなどは大人の婚活デートの場所として人気のスポットのようです。

ただ、気を付けなければならないのは……行列に並ぶのに疲れ果ててどちらかが不機嫌になってしまうこと。行列は想定内のこととして、待ち時間に向けたくさんの話題を考えていったり、ちょっとした暇つぶしグッズや、暑さ・寒さ対策グッズを用意していけると、待ち時間も楽しく、また女性らしい気づかいも感じされられますね。

◇入場券、チケット代は誰が払う?

エントランスで料金を支払う場面は、どちらが持つべきか気になるところ。もし彼が2人分購入してくれたら、素直に「ありがとうございます。いただいてよろしいんですか?」と疑問形で聞いてみると好印象です。または、「ここは私が購入しますね。お食事はお願いしてもいいかしら?」と申し出てもいいでしょう。

男性に所作やふるまい、作法をお伝えしているマナー講師の立場からは、〝男の美学〟としてお支払いはスマートにしていただきたいなと思います。1円単位での割り勘や、中途半端に「じゃぁ、○円でいいよ」と、ごく少額をわざわざ請求したり、逆に、女性のほうが多く支払っていたことに気づいた……などには幻滅している女性もたくさん。お支払いでモヤモヤしないデートがいちばんですので、金銭問題はあやふやにしておかないことが賢明です。

◇ギャップを見せつける！　キャンプ・アウトドア

最近はサウナデートや、キャンプやアウトドア、ピクニックなどの自然の中でのアクティブで開放的なデートが人気傾向にあるようです。男性のサバイバル能力を見極めるためにも、ある程度はお任せして、力仕事を担っていただきましょう。

当然、女性側が何もしなくていいというわけではありません。アウトドアでも気が利くアイテムを用意できると、どんなシーンでも魅力的であるあなたに、ますます好意を持ってもらえます。

例えば、保冷剤や冷たいおしぼり、カトラリー、虫よけ・かゆみ止めなどを用意しておいたり、バスケットにサンドイッチやコーヒー、フルーツを持っていったりと、ちょっとした気配りを見せるチャンスです。

服装もレストランや観劇のシーンとは大きく異なりますから、その〝ギャップ〟で彼の目にとても新鮮に映るはず。3回目くらいのデートで、アウトドアや自然を感じるシチュエーションをリクエストしてみてはいかがでしょう？

それまではおしとやかなイメージでしたのに、アウトドアではカジュアルで大胆にふるまう姿もハッとさせますよね。

バーベキューも「せっかくだから、串のままいただいちゃっていいかしら？」といたずらっぽく聞いてみるなど、TPOに合わせたプチ・エレガンスを見せられたら、彼はあなたから目が離せなくなりそうですね！

とはいえ、指先を揃えたり、片手を添えたりなど、女性ならではの繊細な所作は守りたいもの。エレガント、カジュアル、大胆、品……いろいろな面とギャップを持つ女性は最高に魅力的です。

◇観劇、コンサート、美術館に誘われたら

歌舞伎、お能、お芝居、オペラなどの観劇初心者の場合、「観劇のマナーって？」「うまくふるまえるかしら？」と不安に思われるかもしれませんね。彼からお誘いを受けたら、自分なりにお勉強をなさり、ある程度準備して臨むことが大切です。それまでまったく縁がなかったものでも、「お能ははじめてだからうれしいわ。少しだけ勉強してきたの」とお伝えできる女性は素直でかわいらしいですね。

美術館なども同じく、展示内容がわかったら、事前に調べて、彼と語り合える知識を増やしていきましょう。

歌舞伎鑑賞等の際は、「何を着ていけばいいの？」と迷いがちですが、一般的には、男性はスーツや襟付きのシャツなど、女性もジャケットやワンピース。また、お着物や帯を演目に合わせて柄選びをなさっても粋ですね。ただし、ガチガチのフォーマルでなければいけないということではありません。以前私が対談をした歌舞伎の大向さんは、「目上の方とお会いして失礼にならない服装」とおっしゃっていました。ご参考まで！

なお、注意してほしいのは、夏に浴衣をお召しになって行くこと。正装には程遠い出で立ちとなりますので、お祭りや花火大会、屋形船までと心得ましょう。

定番のデートでも、意外な場所でも！自分も相手も楽しいと思わせるデートを

植草美幸

コロナ禍の3年間を経て実感していますが、今どきは〝男前な女性〟が良縁をつかみとっています。経済的にも生活力でも気づかいでも、ともに支え合える結婚を望む男性が多くなっています。

いちばんよくないのは、男性に全部丸投げにする態度です。丸投げするということは、「なんでもいいから楽しませてください」ということと同義です。

もちろん、〝男前〟というのは、男っぽいということではなくて、凛として自分の軸があって、決断力・実行力がある女性のこと。それでいて、ファッションや言葉づかい、態度や所作はエレガントでかわいらしさも備えるのが理想的。

いずれにしても「やってくれなかった」「気に入らなかった」と後出しでつまらない気分になるのではなく、自分から主体的にデートを提案できるのは大きな魅力になります。

「距離を縮めるデート」といえば、婚活アドバイザーとして「もうちょっと距離を縮

めてもらいたい」という段階のカップルに、サウナやスパでのデートをおすすめすることがあります。

お見合いで好印象であっても、なかなかもう一歩先に踏み出せないカップルがスパデートをすると、自宅のようにリラックスでき、休憩中は身ひとつですから、自然と会話ができて距離が縮まりやすくなります。

ガッツリメイクや巻き髪をしても崩れてしまいますから、それを前提にまとめ髪やまつエクなどの準備は必要かもしれませんね。とりつくろうことはできませんが、汗をかいた姿や素朴な素顔も自然にさらけ出せますし、岩盤浴用の館内着姿も新鮮に映ります。

休憩室でのおしゃべりや、デトックス後のカフェタイムに語らいの時間を持つこともでき、心身のリラックス、美や健康にプラスの効果をもたらしてくれるデートが注目されるのは時代に合っているといえます。

大人世代になると、毎度レジャー施設やお食事デートばかりでは飽きてしまって食傷気味になることもありますから、いろんなシチュエーションで、今現在の自分と相手の文化や価値観を見せ合い、将来のことも見据えてしっかり話し合っていただきたいものです。

最近の映画館には、プレミアムシートやカップルシート、ペアシートとも呼ばれる2人専用で座れる席があります。「ここに座ってみたいわ」と提案、もしくは自分で取って「ペアシートにしちゃった」と言ってみるのもいいですね。

一方で、カウンセリングでよくお聞きしますが、デートで気をつかって疲れてしまう女性がいます。幸せな結婚のためにデートをしているのに、「あれをやらなきゃ、これを用意しなきゃ」とストレスがたまっては本末転倒。今よりラクに楽しく生きるために結婚するのだから、ストレスをためない婚活をするのがいちばん、とお伝えしています。

そんな方に意外なデート先としておすすめなのが、ドラッグストアやドン・キホーテ、無印良品やIKEA、家電量販店など、ちょっと生活感のあるショッピングです。デートで疲れないためにも自分の用事をデートで済ませてしまいましょう。例えば、デートの予定があるからシャンプーを買いに行けない……ではなく、ドラッグストアでデートすればいい、と考えましょう。彼からすれば、「この子は自分とは違うランクのシャンプーを使っているんだなぁ」と彼女の生活や金銭感覚をリアルに感じることができ、自分とのちょっとした違いを興味深く受け止めてくれるはずです。彼女のほうも、彼が重いシャンプーボトルを持ってくれれば、「彼に守られている、愛されている」と感じますし、なによりも、女性同士のおでかけよりもラクだと実感できるはずです。

無印良品やIKEAなどのライフスタイルショップやインテリアショップは疑似夫婦のような気分になれて、結婚願望の醸成にもひと役買ってくれます。食器やカトラリー選びでライフスタイルへのこだわりや家庭環境が見えてきますし、インテリアやショースペースを見れば、家族の人数や子育てについて話したくなるでしょう。家電量販店も同じで、自然と「私たちが結婚したらどうする？」と新婚気分で話し合えます。

それに、「週末、IKEAで収納を買い替えたいから、ちょっと付き合ってもらってもいい？」と言うのは、女性からもお誘いしやすいデートプランですよね。1日中、お店を見て回って、フードコートでお茶をして、来週は組み立てを手伝ってね！と言えば2週連続デート決定ですね。

実際にこういったプランで、女性がリードする婚活デートを指導していますが、相手の男性たちは「1人では行かないところに次々と連れて行ってくれて楽しい。食事だけのデートよりも距離が縮まって、彼女のことがよくわかった気がします」とすごく喜んでくれます。

逆に言えば、お茶と食事だけのデートだと、〝なんとなく楽しい、仲よくなった気分〟にはなれても、座っているだけでは何の変化もなく、本当の意味での距離感は縮まらないこともあります。

きちんと膝を突き合わせて将来を話し合えるなら有意義ですが、言葉よりも行動、体験のほうがより強い説得感を持つものです。

もし彼が用事にすら付き合ってくれないなら、その男性は協調性がないか、あなたへの興味が薄いのかもしれませんから、それも良縁の見極めにつなげてください。

テーマ 11

良縁をつかむ人は、デート服でも二度三度楽しませる

植草美幸

1回目のデート服で婚活スイッチを入れ、回数を重ねるごとに印象を変える

結婚相談所では最初のデートから、より能動的な2回目のデートに進むのは、実に20%程度。次に進めるかどうかの大きな壁があり、最初の難関なのです。

2回目のデートに進むためには、相手に〝プラスの材料〟を感じてもらわなければなりません。つまり「好きになれそう、結婚相手として意識できる」と相手に思ってもらえる婚活スイッチの要素がカギ。ぜひ印象を左右するデートファッションに、力を入れていただきたいと思います。

1回目デートは、女性らしさ・華やかさをわかりやすく表現できるアイテムを取り入れます。パッと目を引く明るい色やマカロンカラーを使ったアイテム、リボンやフリルなどの飾り、風になびくスカーフ、ファーやモヘアなどの素材で柔らかさを出すのも効果的です。お洋服にきれいで明るい色ややわらかい素材を取り入れるだけで、

パッと華やかさが増します。

逆に、ビジネスカラーである黒や紺、さらにパンツスーツなどのオフィス風の服装は色味が沈んでしまいますから、第一印象となる1回目のデートでは避けています。

婚活の場合、はじめて会うお見合いのときは、プロフィール写真と同じ服装をおすすめしています。イメージが違うと思われにくい、待ち合わせで探してもらいやすいというメリットがあるからです。

でも、2回目～3回目からはギャップを見せていきたいところ。好印象はキープしつつも、一歩距離を縮めるデートを提案し、TPOに合わせたアクティブな装いでスタイルよく、健康的に見せるのもいいですね。そういうときには、パンツやデニムなどのカジュアルなファッションでもよいのです。

服装だけでなく、髪型に変化をつけるのも、印象チェンジに役立ちます。ロングヘアを1回目はハーフアップ、2回目はポニーテールアレンジにするのもいいですね。

食事デートだと胸より上だけしか見えない時間が多いもの。なるべく顔映りのいいトップスやデコルテに飾りのある服を選びたいところですが、服を買い足さずに印象を変えたいときは、スカーフや巻物を活用して印象を変えるのもおすすめです。

準備が大事！　どんなシーンにも対応し、1回のデートで二度三度と魅力を感じさせて

諏内えみ

良縁をつかむ女性は、どんなシーンにも品よく対応し、1回のデートであっても二度三度とプラスαで魅力を感じさせています。例えば、仕事帰りにかっちりしたジャケットで現れたのに、レストランでジャケットを脱いだらノースリーブ……こちらは定番ながら、男性をハッとさせる効果があるようです。「ちょっと涼しいわね」と、そこへまた華やかで柔らかなストールをまとったら…… 1日に複数のお色直しができ、彼だけでなくあなた自身も楽しめます。お仕事帰りのデートの日であっても、ぜひイメチェンやギャップを計算してみて。

さて、そんな仕事帰り、あなたはどんなバッグをお持ちでしょうか？　パソコンやら書類やらを詰め込んだ大きなトートバッグやキャリーのままレストランデートに向かう場合は注意が必要です。非日常を愉しみたいクラス感あるレストランやお洒落バーにビッグサイズのバッグは似合いません。お席にそのまま持って行くのはマナー違反になるので、必ずクロークへお預けしましょう。ただしその際、レディが手ぶらで

席へ向かうのはNG！　女性の装いにバッグは必須です。

でも、急なディナーのお誘いのときは、ハンドバッグなど持っておらず困ってしまいますよね。私のおすすめは、トートバッグに小さめで軽量のクラッチバッグを常に入れておくこと。「どんな場所にも連れて行ける、パートナーにふさわしい女性」と感じていただけるはずです！

和食店の場合は和室に通されることもあります。靴を脱いで、座布団に座るとなると、淑女としてはそれなりの準備が必要。事前にわかっていたら、次のようなことをチェックしておきます。

まず、畳では素足はNGですので、ストッキングが必須です。常に携帯しておくといいでしょう。座布団に座る際は、タイトやミニ丈のスカート、パンツ類は窮屈そうに見えます。フレアやギャザーの膝下スカートがおすすめです。

また、懐石料理や割烹、お寿司屋さんに誘われた日に意気込んでトワレなどをしっかりつけて出かけたら……彼は本当に困ってしまうでしょう。和食は特に繊細な香りを愉しむもの。他のお客さまはもちろん、お店の方にも眉をしかめられてしまいます。彼にも恥をかかせることになりかねませんので、香りに敏感であるよう心掛けて。

テーマ 12

良縁をつかむ人は、デートの積み重ねで信頼を築く

植草美幸

シャンパンをお酌して破談に…お店でのふるまいは婚活の必修科目

女子力アピールの前に、基本のテーブルマナーや、レストランでのふるまいを知っておきましょう。実際、婚活の現場でも失敗談を聞くことがあります。ある42歳の会社員女性は、50歳開業医の男性と、レストランでデートをしましたが、女性が〝シャンパンのお酌〟をしてしまったことで交際終了となりました。

テーブルにボトルクーラーに入ったシャンパンが置かれていたそうで、女性は小柄な方でしたが、頑張って手を伸ばしてお酒を注いだそうで……ウェイターが慌ててフォローしましたが雰囲気は台無し。

一定以上のレストランではウェイターごとに担当テーブルが決められていて、お客さまを観察し、会食を滞りなく進行させるよう気を配っており、ワインもソムリエやウェイターがグラスの減りや料理の進行を見ながらお注ぎしますから、女性客が男性

のグラスに手を伸ばしてお注ぎするのはマナー違反です。同じく「すいませ～ん」とウェイターさんを呼んだりするのも、恥ずかしい行為です。前述の女性は、大切な相手だからこそお世話して差し上げたいと思ったのかもしれません。でも、相手からは「ちゃんとしたランクのお店のマナーを知らない」と捉えられてしまい、結果的に釣り合わなかったということになりました。

お飲み物が減っていることに気づいたら、「おかわりされますか？」とお聞きするにとどめておくのがベスト。そうやって会話をするだけでウェイターが気づいてくれるお店がほとんどです。

良縁イコール、ハイクラスではありませんが、医師や経営者の方は会食に奥さまやご家族を連れて行くシーンが多いですから、ＴＰＯに合わせて、お店の方とスマートにやり取りできるふるまいは、婚活においても必修科目です。自分はどういう立場で、どうふるまうと相手や周囲の方にどう見えるのか？　ＴＰＯと同じく、自分を客観的に見てふるまうことが大切です。

居酒屋さんで気が利かないと思わせない対処法

諏内えみ

過度な女子力アピールは決して品がいいものではありません。大皿からの取り分け、お酒のお酌などはよくあるシーンですので、あなたがどこまでなさるべきか考えてみましょう。

◇取り分け、お酌問題

大皿からの取り分けは、私としては男性にお願いしたいところですが、「やっぱり女性に取ってもらうとうれしい」とおっしゃる男性が多いのも事実。

もしあまり気が利かない方かな？　と感じたら、「サラダお取りしますね。パスタは◯◯さんにお願いしていいですか？」とおっしゃってみて。自分もやらなきゃ、と気づかせることもできますし、かわいらしく上手な誘導になります。

ビールや日本酒でしたら、まずは日本の文化としてお酌して差し上げましょう。抵抗がある方は、「ご自分で注がれるほうがお好きな方もいらっしゃいますが、◯◯さんは？」とお聞きしておけば、その後のデートで悩まなくて済むでしょう。注ぎ足しを嫌うかどうかも、確認しておけば安心ですね。

◇やってしまいがち！　ビュッフェのマナー違反

ビュッフェでは、ほかの方の分まで取ってきてあげるのはマナー違反となります。気が利くふりをして「はい、どうぞ」とお料理を盛り付けたお皿をせっせと運ぶのは、恥ずかしいふるまいです。とはいえ、気か利かない女性と思われたくない、という不安もあるでしょう。そんなときは、「○○さんの分もお取りしたいところですが、マナーに反するので……」とにっこり笑っておっしゃったら、あなたの優しさも伝わり、なおかつ、マナーを心得た女性と受け取っていただけますね。

◇食べ終わったお皿はどうする？

飲食店では、女子アピールの見せどころとばかりに、食べ終わったお皿を重ねてテーブルの端に置く女性もいますが、お店のランクが高くなればなるほど、そのようなことは一切不要なのです。お片づけはお店の方にゆだね「おいしかったです。ごちそうさまでした」と堂々と申し上げる女性のほうが遥かにエレガント。

◇彼のご両親からの評価が良縁につながる

「女性のテーブルマナーを気にする男性」が少なくない、ということは、植草さんのお話からもご理解いただけるでしょう。自分を育てている女性は、そこをちゃんとわきまえているからこそ良縁がつかめるのです。

今お付き合いしている男性とのお食事デートのときはもちろん、いずれ彼の友人とご一緒のお食事も想定されます。その後、彼のご家族との会食やご実家でのお食事はほぼあると思って間違いないでしょう。

晴れて婚約ともなれば……あなたの食べ方やマナーは、彼のご親戚をはじめとした関係者から必ず見られますし、チェックされることも想定されます。当然、クラスの高い男性を取り巻く方々ほどそのチェックは厳しくなります。

だからでしょう。「テーブルマナーを学びたい」とおっしゃって私のマナー教室にいらっしゃる女性は年々増えています。もちろん男性も！

交際の段階でいろいろな場面を共有し、「あ、この女性はちゃんとしているな。どこに連れて行っても恥ずかしくない。これならいつでも両親に紹介できる」と思わせられる女性だけが良縁をつかめるわけです。

「彼女としては好きだけど、婚約者、結婚相手としては、育ちが違う」と感じさせ、成婚に至らないケースを、私自身公私ともに幾人も見聞きしてきました。

一方、私がテーブルマナーなどをレクチャーする投稿をしているInstagramやYouTube『諏内えみチャンネル』には、「おいしく食べるのがいちばん」「マナーばかり気にしていたらおいしくない」というコメントも。

しかし本来マナーとは当人のためではなく、同席の方やお店の方、他のゲストの方々のためのものであり、周りがいかに心地よく感じてもらえるかというエチケットです。正しく、かつ美しい食べ方がナチュラルにできれば、そのような自分本位の考えには及ばなくなるはず。

彼のご両親との会食など緊張する場面でも、あなたの身体が覚えていれば自然とふるまえます。それが良縁をつかむスタートラインです！

テーマ13 良縁をつかむ人は、デートのあとも大切にする

植草美幸

デートのあとに伝えたい気持ちは、「デート中」「デートが終わる前」にも仕込む

大好きな人とのデートが終わったら、どんな気持ちですか？「寂しいな、また会いたいな。次のデートはいつ？」といったところでしょうか？……でしたら、別れ際に、その場で伝えしましょう。

「次のデートの別れ際に、改札の前で〝もうお別れなんて寂しい〟と言って、泣いちゃいましょう」とお教えしたことがあります。毎週のようにデートを重ねているのに進展しない婚活カップルで、女性は私の会員さまで、「絶対この縁をつかみたい」と言ったので畳みかけようと思ったのです。言われた彼は驚いて、「言わせちゃってごめん、結婚したら毎日一緒にいられるから」と慰めてくれて、真剣交際に進まれました。

デートの帰り道を歩いている間にも、意思表示ができます。お食事デートをした帰

り、男性が最寄りの駅の改札まで「送ります」と言うと、女性が「佐藤さんは○○駅から帰りますよね。そちらのほうが遠いので、私が行きます。もうちょっと話したいから……」と言って、好意を伝えた例もありました。彼女が少しでも長く一緒にいたいと言い、坂道でパッと手をつないできたことに感動し、男性はグッと心をつかまれていました。

また、デート中に「次につながる会話、次につながる約束」を仕込んでおくのも忘れずに。ちょっとした会話のなかで、「次は○○をしましょう、○○を食べに行きましょう」という楽しい会話を用意して、ちりばめておきます。

デートのなかで、男性の好きな食べ物を質問し、男性のおすすめのお店に「一緒に行きたい！」とアピール。相手が「いいですね、行きましょう」とおっしゃるようなら、「じゃあ、この日かこの日はどう？　このお店、よさそうでしょう？」とその場で即、行くことが決まっている前提でスケジュールや行き先を確認してしまいます。

海外で仕事をしていたある女性は、数か月に1回の帰国時期に、集中して婚活をしていたため、1回目のデートで気が合った彼と、3回先のデート日程までおさえ、無事、その彼とご成婚されました。先手必勝で行きましょう。

デート後のLINEは帰路でいち早く!「次はいつ誘ってくださいます?」でかわいらしさも

諏内えみ

◇デートの直後が継続の分かれ道

デートのあと、LINEやメールでのお礼メッセージは必須。早ければ早いほど好意として受け取られ、彼の心に響きます。別れたあとは彼もデートのことを思い出しながら帰路についている、その瞬間が効果的なのです。できれば電車やタクシーの中でお礼や感想を含め、次につなげられる気の利いた言葉を送りましょう。

◇気になっている男性に定型文は×

繰り返しになりますが、お見合いや初回デートの別れ際に「楽しかったです。ありがとうございました。失礼いたします」と別れたら……これはただの定型挨拶文と受け取られ、次のデートにはつながりにくくなるでしょう。また、「私のことをどう思っているかわからないから、彼から好意を示してくれるまで待とうかな?」というのも考えもの。素敵な男性は引く手あまた。明日にだって、いえ、今夜にだって魅力ある女性が近づき、正式なお付き合いをはじめてしまうかもしれません。

ただし、そこは品よく、育ちよく。グイグイと強引に迫り過ぎるのは淑女としてはいただけません。男性が言われてうれしい言葉を上品に伝えたいですよね。例えば、「今度、山崎さんのお気に入りの焼鳥屋さんにぜひ連れて行ってくださいね」と、会話で挙がった具体的な事柄を。別れ際でしたら「山田さんの学生時代のお話をたくさん聞けて楽しかったわ」など、「ぜひ」「たくさん」「本当に」など本気度をさりげなくアピールし、楽しかった事柄を具体的に伝えましょう。もちろん、彼のお名前を入れながら！

◇積極的に、しかし品よくかわいらしく

「来週の土日はいかがですか？」とダイレクトにお誘いしてもよいのですが、「また誘っていただきたいな」「次はいつ誘ってくださいます？」など、少々謙虚に聞いてみるのもおすすめです。お誘いを待っている意思表示をしながら、男性に選択権を渡すことができる女性は賢く、なんといってもかわいらしいです。私の生徒さんは、2回目のデートのとき「いつ奥さんにしてくれるんですか？」と言ってみたところ……相手の男性が慌ててプロポーズしてくれたそうです！　なんともほほえましいお話ですよね。

第三章

交際・お付き合い

テーマ14

良縁をつかむ人は、「結婚したい！」と思わせる

植草美幸

テクニックは要らない！
交際するなら結婚前提を宣言しましょう

デートを重ねて、いざ交際に入るタイミングでぜひ行っていただきたいのが、結婚に対する意思表示です。テクニックは要りません。結婚を前提にお付き合いをしたいということを、真正面からちゃんと伝えることが大事です。

「引かれたらどうしよう、重いと思われたら嫌われるかもしれない」という人がいますが、そもそも結婚という目的が一致していない相手なのですから、引いてくださって結構と思えばいいのです。

良縁との出会いがあるかもしれない、という場面でこそ、「私、今年中に結婚したいから、次に出会う人は結婚前提に付き合うって決めているの」と口に出してみましょう。実際にこれをやって、スピード結婚した知人女性がいるのでご紹介します。

その女性は、39歳個人事業主のネイリストさん。ある知人のホームパーティに呼ばれて行ったところ、女友達の彼氏の後輩としてきていたのが彼、27歳の男性でした。雰囲気からだいぶ年下であることはわかったのですが、なんとなく話が合い、彼のほうから「今度、食事でもどうですか?」と誘われたそう。その後、2人きりで食事にいくと、さらに気が合い、数時間楽しくおしゃべりをしました。

彼が「楽しかった、もう一度会おうよ」と言ったのですが彼女は、「私は、たぶんあなたよりだいぶ年上で39歳なの。年齢的にも、次にご縁がある人とは結婚するって決めているから、結婚前提じゃないと2人きりでは行けないな」と言いました。すると彼は、「結婚前提！　そんなふうに考えたことなかったけど、それもアリだね。うん、結婚します！」と答えたので、今度は彼女のほうがびっくりしてしまうことに……。

翌週には2回目のデートで、彼のお姉さまにお会いし、3回目のデートではご両親にも紹介され、数か月後には入籍する超スピード結婚が決まりました。

あとで聞いた話では、彼はマッチングアプリ世代なので、周囲の友人は知らない人とでもバンバン出会ってデートしたり自然消滅したり、とにかく恋愛は気軽にするのが当たり前だと思っていたのだそうで、「結婚を前提に恋愛するなんて、本当に身近にあるんだ」と一瞬、驚いたようです。仕事に対しての姿勢が意欲的なのはもちろん、これまでの人生で培った人間力をそなえた魅力的なお姉さんでありながら、恋愛や結婚にはピュアで誠実。しかも、面と向かって堂々と言ってくれたことで、ハッとして目が覚める思いだったと言っていたそうです。

自分の意思表示は自分で切り出せますが、相手の結婚観については、どうやって聞き出すのがいいでしょうか？　答えは、「and You の法則」（72ページ参照）を活用して、「私は結婚前提でお付き合いしたい。あなたはどうですか？」と言いましょう。

交際するタイミングでは必ず確認していただきたいですが、新しい出会いの場面でも、知人友人の関係であっても、相手の結婚観を聞いて「全然、結婚はする気ないよ」と言ったら、もうその人と2人きりで会う必要はないかなと判断して、線引きするのも手。情が移り、片思いをしてしまうと自分が泣くことになりますから。

「出会いがあれば」というような言い回しでしたら、結婚観を聞き出すチャンスです。意志がないとハッキリ言う人は少ないですから、「まぁ、仕事で一人前になってからかな」と仕事を理由にはぐらかされたり、「40歳までには結婚したいかなぁ」と数年先を挙げたりした場合、しばらくは結婚の意思がないと捉えていいでしょう。

すぐに結婚する気がない人の中には、結婚願望がそもそもない、実は彼女がいる、資格取得や転職をしてから結婚したい、などさまざまなケースがあります。

とはいえ、学生や20代ならまだしも1年以上待たされて待ちぼうけになることこそ時間の無駄ですから、自分の結婚の意思を伝えて、また再び巡り合うようでしたら再度、彼の結婚の意思を確認してみましょう。

「効果的とはいえ、やっと交際にこぎつけた人にそんなこと言えない」……と思う気持ちもわかりますが、いざ交際に入るタイミングがとても重要ですから、もう一度目的意識を持ち直しましょう。

今現在、良縁をつかめていないのであれば、これ以上、今までと同じような恋愛を続けるのは、時間の無駄です。なんとなく好きになった人と恋愛する、なんとなく好きだと言われた人と付き合ってみる、そもそもきちんとしたお付き合いをしたことがない――その結果、結婚に至るような良縁につながらなかったのであれば、まず第一歩として「結婚を前提にしたお付き合いをする」、もっと言えば、「結婚を前提にしたお付き合い〝しか〟しない」と自分にも周囲にも宣言しましょう。

上質なマナー、美しいふるまい、素直な心——3つの心得で良縁を引き寄せる

諏内えみ

これまで良縁をつかめなかった……そのような方は今までと同じ婚活をなさっていても一向に事態は変わりません。この先もずっと「いい人が現れないかしら」「出会いがないから……」と嘆くことになるでしょう。あなたが本当に良縁をつかみたければ、必ず以下の3つを心得てください。

1. 上質なマナーを身につける
2. 品ある美しいふるまい、所作を身につける
3. 素直な心を持つ

これらが備わっている女性は育ちのよさが感じられます。結局のところ、人生の岐路、特に婚活という場面で選ばれるのは「育ちがいい人」なのです。

◇戦略を変える

私は主宰している「親子・お受験作法教室」で、ご両親、お子さま方にも所作の指導をしています。初回にお母さまが、「うちのKは、もう2年も幼児教室に通ってい

るのですが、足をブラブラしてしまうクセがまったく直らないんです……」と悩んでいらっしゃいました。私は、「塾に何年通っても、同じ指導をしていたら同じ結果です。多分、K君は1年後もブラブラさせていますよ！」と申し上げました。結果が出ていないならやり方を変えないとなりません。

その日、K君には私の指導法を行いました。1時間後、お母さまが教室に戻られたとき、K君の足は動くことなく姿勢よく座っている姿を見て、お母さまは大変驚き感激していらっしゃいました。もちろん、やり方を変えたから成功したのです。

このように、子どもでも大人でも、目的がお受験であっても婚活であっても同じことです。あなたは今まで通りの婚活を続けますか？

◇素直に婚活宣言

すごく好きというわけではないけど、とりあえず付き合っていた彼がいる。好きと言われた人と何となく付き合ってきた。そもそもきちんとしたお付き合いをしたことがない——その結果、結婚にたどりつける良縁にはつながらなかった方も多いのではないでしょうか？

本当に良縁をつかみたければ、「私、婚活をはじめたんです」「どなたかいい方いらっしゃいましたら、よろしくお願いします」「結婚を前提としたお付き合いをしたいんです」と宣言なさってみてください。あなたが、前記の1~3を育てていけば、周囲の方が良縁につながる機会をあなたに差し上げたくなるものです。

では、「プロポーズしてほしい」と思っている現在交際中の彼とのお付き合いは、どう進めていけばよいでしょう?「彼に引かれてしまうのが怖くて……」と思う気持ちもあるとは思いますが、あなたはこのまま一向に進展しない関係をお望みではないはず。

そこで「結婚する気あるの?」と問い詰めるのは賢い女性のなさることではありません。「私はこういう考えを持っています、あなたはどうですか?」「○○さんのこと、親友や両親に紹介したいと思っているんだけどどうかしら?」と素直な思いを伝えてみてはいかがでしょう。

意外とすんなり結婚話が進むことだって大いに考えられます。また、彼の反応によっては、気持ちを切り替えることや、見切りをつけて手離し、次へ進むことができるかもしれません。あなたの人生は、あなたが動かしましょう。

◇相手だって気になっている、あなたの本気度

逆に、婚活中の私の男性生徒さんからも、交際がはじまったばかりの女性の結婚に対する気持ちが測れず、ご相談いただくことがあります。「彼女が本当に好意を持ってくれているのか、社交辞令なのか、他にも付き合っている人がいるのか全然わからない」と。気づかいある誠実な男性ほど、「脈がないのにアプローチを続けるのは失礼になるから、早めに終わりにして次の婚活に励もうか……」と悩まれるようです。

どうやら、男性も女性も自身の考えを素直に周囲やお相手に伝えたほうが、いろいろな意味で話は早そうですね。

◇育ちがよければご家族にも愛される

続いて、彼があなたを高いランクのレストランに連れて行ってもマナーに問題ないか、また、ご両親やご家族、ご親戚、そして上司など目上の方に、あなたを安心して紹介できるか？　という観点から、あなたの「育ち」を見直してみましょう。もちろんこれまであなた自身で磨いてきた「育ち」です。

実際に、「彼女としては素敵なんだけど、いざ自分の親や上司に紹介するとなると……」とためらっているハイクラスな男性生徒さんが何名もいらっしゃいます。「今の彼女、かわいいし、性格もいいのですが、挨拶やちょっとした会話が不安で。両親に会わせる前に、彼女にマナーや話し方を教えてもらうことはできますか？」とお願いされることも少なくないのです。

さまざまな人生の節目では、やはり男性も女性も「育ちがいい人」が選ばれますし、ご家族みなさんに「良縁」と喜んでいただけます。

私が申し上げている「育ち」というのは、幼少の環境だけではありません。品ある女性になるために自身をしっかり磨いてきたか、自身をしっかり育ててきたか、ということです。ですから、何歳からでも、今からでも、「育ち」はどんどんよくすることができ、その結果、ご家族に祝福される良縁をつかむことができるのです。

◇「育ちがいい人」に必要なのは素直さ

「育ちがいい人」は素直です。これは多くの生徒さんに指導をしてきた私が心底感じていることです。もちろん、男性にも女性にも当てはまります。

いくつになってもいつでも学ぶ姿勢を持ち、教わったことをスッと吸収し、わからないこと、知らないことは素直に聞くことができる姿は、目上の方からも「素敵なお嬢さん」と愛され、かわいがっていただけます。

「彼女ならどこへ連れて行っても恥ずかしくない」「早く両親やみんなに紹介したい」

と、彼も思ってくれるでしょう！

私のテーブルマナー講座で食べ方がわからないお料理が出たときでも、ためらうことなく「先生、これどうやっていただけばいいですか？」と聞ける方は、素直に育っていらっしゃることにとても魅力を感じます。もしそのとき、知らないことを恥じて隠そうとしていると、どうしても成長は遅くなりますよね。

◇「育ちがいい人」に必要なのは俯瞰力

大人の女性としてのマナーやふるまい方の基本知識がある方は、「今の状況だったら……」とTPOに応じて変えることができるようになります。また、基本のテーブルマナーを心得ていれば、応用編のひと皿が出てきても、「こちらはどのようにいただけばよろしいですか？」と尋ねられる余裕も出てきます。

自身を取り巻く状況を素早く察知でき、お相手や周囲の方々の立場やそれぞれの関係性、場所などの全体を見ることができ、シチュエーションごとに最適な言動ができる……そんな女性は思いやりが感じられますし、クレバーで本当に魅力的です。

テーマ 15

良縁をつかむ人は、LINEを効果的に使いこなす

LINEはリサーチが8割！不意打ちで五感を共有し、タイミングで勝つ

植草美幸

私は「LINEで余計なボロが出るくらいなら控えましょう」と言ってきました。しかし、コロナ以降は、家事や暮らし、食生活を感じさせるLINEのやりとりをおすすめしています。ビデオ通話で仲を深めることで、遠距離でありながらスピード結婚したカップルもいらっしゃいます。

一方、避けていただきたいのは、決まりきった日記のようなLINE。例えば、朝は「おはようございます。今日は天気がいいですね。今日も一日頑張りましょう」、夜は「お疲れさまです。今日も一日終わりましたね、おやすみなさい！」というメッセージ。なんの意味もないですし、ハッキリ言ってつまらない。

また、勤務時間中に、「今、隣の席の○○ちゃんが打ち合わせ中。定時まであと2時間、暇だな～」と無意味な実況中継を送ってしまうのも、知性や仕事への姿勢を疑

われるだけ。定型文を決まった時間にLINEするのも逆効果。当たり前になり、やがて返信の義務感さえ感じるようになります。

良縁をつかむ人のLINEのコツは2つだけです。「不意打ちで五感を共有する」と「相手がひと息つくタイミングに、気づかいを見せる」です。

今その瞬間に共有したくなる風景、例えば、夕日、虹、新月などを五感の共有としてお送りしてみましょう。

「空を見て！夕日がきれいだよ。○○くんと一緒に見たいな」というふうに。また、天気の話は単調になりがちですが、季節や旬を感じる内容は、教養を醸し出せますし、「カレンダートーク」（48ページ参照）にも発展します。「桃の花が咲きはじめてとってもキレイ！　これを見て癒されてね」「紅葉がすごくきれいだったから、○○くんに見てほしくて」と写真付きで送ってみましょう。

もうひとつの「相手がひと息つくタイミングに、気づかいを見せる」というのは、事前のリサーチがとても大事です。そもそもLINEは内容よりも、リサーチが8割！

例えば、デートで別れたあと、直後にお礼LINEをしてすぐに乗換案内をチェック。相手が家につくタイミングでもう一度、「そろそろ家に着いた？」というLINEを送ります。相手に、「魔法使いみたい。ずっと僕のことを考えてくれていたのかなと思うとキュンとしたよ」と言わせましょう。これもリサーチで相手の最寄り駅や、デート先までの距離感がわかっているからこそできることです。

また、勤務時間や忙しい時期には、雑談LINEをしたくない人もいます。相手の職業によっては、スマホを会社のロッカーに保管しなければならない場合や、日中ほとんどスマホに触れない人も少なくありません。それなのに、「今日は3回もLINEしたのに既読にもならない、どうして返事をくれないの……」と勝手に落ち込んだり怒ったりされると、距離を置きたくなるもの。相手の様子を事前に知っていれば、自分自身も安心できます。「いつ何時連絡していいのかわからない、なかなか連絡がつかない」というのは、相手のせいではなく、自分のリサーチ不足だと心得ましょう。

仕事の日の休憩時間や、休憩時間の過ごし方、何時に家に帰ってきて、どんな風に過ごしているのか？　そういう日常的なその人の行動を聞いておけば、こんな時間にLINEしたらご迷惑かしら？　という悩みも解決です。

当社の会員さまには「連絡は、平日は夜何時以降、土日はいつでも大丈夫です。出られない場合は、折り返し連絡します。デートは、土日の何時〜何時までだと都合がいいです」と、自分から連絡するようにアドバイスしています。

出会いの場面での雑談中に、「私は仕事がシフト制なので、日曜と水曜がお休みです。その日はだいたい午前中ゆっくりしていて、午後からジムに行って、夕方は夕飯の買い物をすることが多いですね」ということを自己開示し、お相手のことも同じように聞いていただくと無駄がありません。

大きな仕事やプロジェクトを抱えているような忙しい方へのLINEは、仕事が終わる時間や、大きなプロジェクトが終わるタイミングを把握しつつ、相手がパッとスマホを開く時間にちょうど届くように送るのがベストです。

医師である相手の男性が「来週の○日は6人手術の予定がある」と話していたと聞き、女性会員さまに、午後3時前に「朝から手術お疲れさまです。あと3〜4人くらいでしょうか？　陰ながら応援しています」というLINEを送るように指示しました。医師は午後1時から3時くらいに休憩時間を設けることが多いためです。

仕事が終わる時間や、大きなプロジェクトが終わるタイミングを把握し、「今日○○だったよね、お疲れさまでした」と連絡するのが効果的です。

敬語やスタンプ、時間帯や頻度まで心地よく心をつかむＬＩＮＥマナー

諏内えみ

会話では、相手の方のスピードやトーンに近づけて話すと、心地よく感じてもらえます。それはＬＩＮＥなどの文章でも同じ。敬語やスタンプの使用度合い、お送りする時間帯や頻度は、ある程度お相手に合わせると、心地のよいやり取りとなるでしょう。

男性がフランクな文章なのに、女性がかしこまった敬語ばかりではよそよそしく違和感があります。スタンプをあまり使わない方に対して、女性側が頻繁にスタンプを送るのも賢い印象を与えず、ちぐはぐなやり取りになります。特に、ハートのアイコンやスタンプの数が多過ぎると、軽そうなイメージがつきますので、最初のうちは「ここぞ」というときだけになさってくださいね。

また、きちんとした文章でいただいたメッセージに対し、「了解です」や「はい、わかりました」「よろしくお願いします」など短か過ぎる返信では、礼儀も温かさも愛情も感じてもらえず、むしろ失礼にあたるかもしれません。良縁をつかめる人は、美しい文章で返せる方。ＬＩＮＥであっても気が利いた会話ができる女性というのが

前提です。

また、忙しい際の「既読スルー」にはご注意を。すぐに返事ができないときはあえて既読にならないようにしたほうが、心配や不信感を与えないかもしれません。少しでも時間があれば「今、出先のため、のちほどお返事させていただいてもよろしいかしら?」だけでもお伝えできると好印象です。すぐに返せない事情や、何時頃連絡できる、という簡単な情報で大丈夫。あなたの気づかいをうれしく感じてくれると思いますよ。

ところで、LINEプロフィールの名前や写真、あなたはどのようなものをお使いですか? せっかくLINE交換しても、ペットや風景、物の写真、また、ニックネームやイニシャルで登録していると、相手にわかりにくく親切ではありません。名前はフルネームか、ファーストネームにし、写真は自分自身のお顔写真に。ピンク、赤、黄色などの服でしたら探しやすいため、連絡もしやすくなるはず。小さなアイコンですのでちょっと鮮やかな装いのほうが目立ちます。

私は、テレビやラジオ番組、雑誌などで、LINEをお送りする時間帯のマナーについてよく質問をお受けします。電話をかける時間のマナーはひと昔前、９to９、つまり午前9時から午後9時頃までと言われていました。一般的に、午前9時までは、朝の仕度で慌ただしい時間帯、そして、午後9時以降は、バスタイムなどのくつろぐ時間、休む準備に入る時間帯で、電話をかけるのはマナー違反でした。

ＬＩＮＥやメールはいつでも見たいときに見ることができますし、都合が悪ければスルーもでき、休みたい際は着信音をオフにすればよいことなのですが、節度ある女性としては、９to９のマナーを目安として知っておき、交際の最初のうちは基本マナーを守るのが賢明です。そういった気づかいがあってこそ、「育ちがいい人」と感じてもらうことができるのです。

もちろん、正式な交際がスタートすれば、基本マナーの時間を超えても問題ないでしょう。しかし、そんなときでも「あんまり遅い時間にＬＩＮＥをしたら、ご迷惑かしら?」「声が聞きたくなったら、何時まで連絡してよろしいの?」「遅くなってもお話ししたいとき、どうしたらいいかしら?」と尋ねることで、あなたの育ちのよさが伝わります。

さらに彼との距離を縮めたいときには、品よく甘えてみても!

「よかったらLINEのビデオ通話にしてお話ししません？　そうしたらお顔が見えるし、○○さんのことがもっと近く感じられます」「寝る前に声が聞きたいんだけど、何時ぐらいにお電話いただけます？」など、あなたの素直な言葉は彼の心をつかむに違いありません。

また、LINEや電話の最後に、「もっと○○さんのお話をお聞きしたくなりました」や「今夜は○○さんのことをたくさん知れてうれしかったわ」など、2人の距離が縮まった喜びを伝えたり、「今度お会いしたときは、○○さんのお子さんの頃のお話の続き、いっぱい聞かせてくださいね」と次回のデートにつなげる言葉をおっしゃってみるのもおすすめです。幼少期や家族の話をするのは心を許した相手。彼も、良縁を意識しているからこそ話しておきたいと思うものです。

ぜひ、LINEや電話のやり取りを通して、2人の仲を深めていくことも大切になさってくださいね。

テーマ16

良縁をつかむ人は、結婚後のお金の話もちゃんとする

植草美幸

結婚前の使い方から、子育て費用まで。お金の話は過去と未来の「生き方」に向き合うこと

お金の話というと、ちょっと露骨過ぎて遠慮してしまうという人もいらっしゃるかもしれませんが、良縁を追い求めるのであれば、ぜひ踏み込んで話しておきたいもの。なぜならお金の話は、結婚前のお金の使い方から、結婚後の暮らし・働き方・子育て方針まで多岐にわたり、まさにお互いの文化、バックグラウンド、価値観、結婚観、家族観、つまり、過去と未来の「生き方」に深く結びついています。婚活に携わる私としては、避けて通ることはあり得ないですし、なるべく早く向き合って話していただくことが良縁につながると思っています。

◇独身時代、現在のお金の使い方

まずは今現在、何にどういう風に使っているのか、結婚後は何にどのように使うの

か？　どちらが管理するのか？　ということをお互いに話してみると、価値観が合うかどうかがわかります。

例えば、住むところをどれぐらいのグレードにしているのか？　食費は、自炊と外食のバランスや割合、お店のグレードを掛け合わせていきます。これは高過ぎるからダメ、節約しているからOKということではなくて、収入や働き方、ライフスタイルとのバランスも考えていただきたいですね。「忙しくて通勤や家事の時間が惜しくて都心部に住んで全部外食」というケースも事情を聞けば納得できます。結婚したらどうしたい？　ということも聞いてみましょう。

また、趣味や遊びなど、おこづかいとして使っている金額も重要です。最近よくお聞きするのは、ゲームの課金に月何万円以上もつぎ込んでいる人。正直、結婚後も変えられないと思ったほうがいいですから、婚活の現場では「その使い方を理解できて、納得できますか？　もし今の時点で気になるなら、相手を候補から外したほうがよいのでは？」と忠告します。ゲームはダメということではなく、家計を一緒にしたときに納得できるかということが大事です。逆に、「毎月1万円を趣味代として使うならいいかな」という解釈ができれば許容範囲です。

手取りと自分が自由になるお金、その使い道に無理がないかどうかをお聞きすれば、結婚直前に借金が発覚するような困ったことが起きにくくなります。プロポーズの段階で、「実は借金があって……」では遅過ぎます。結婚相談所の場合だと、仮交際のうちに借金やローンを確認しておいて、真剣交際に進みます。真剣交際に入ってプロポーズまで行くのが約6割ですから、問題の芽は早くわかっておくに越したことはありません。お見合いではない場合、できれば、結婚を前提に交際するより前、彼氏候補の段階でだいたいのリサーチをしておくのがベストです。

◇結婚後の家計のお話

結婚したあとのお金の使い方については、どちらが管理するのか？　そして家計の負担については、双方の年収比率に合わせて、夫600万円、妻400万円とすると、家計も6：4で出し合おう……などと決めて、折り合いをつけるのが第一関門です。

ある婚活カップルは、5：5でお金を出し合い、冷蔵庫の中に食材を入れることにしようと決め、女性は、節約のためにお互いお弁当を作って持っていこうと提案しました。男性は、「お弁当は作れないし、社食なら1食370円で済む。自分で社食代を出すことになるなら、5：5だと僕のほうが損だ」と言い出し、折り合いがつかず

破談になりました

家事はどちらがメインでやるのか、半々なのかということも話し合っておきたいところ。外注する場合も、家政婦さんを雇う、家事代行サービスを使う、ファミサポのような公的なサービスをスポット利用するなど、種類や頻度によって価格が大きく異なります。家計・家事の運営方法が、結婚後のお金の話につながっていくのです。

◇結婚準備のお金のお話

結婚準備のお金というのは、結婚式の費用や指輪代、新居や家具、家電の費用のことです。それぞれどちらがどれくらい出すのか、交際中に話し合えると安心です。後述しますが、婚約指輪（エンゲージリング）は一般的に男性からのプレゼントです。結婚式関連のお金は、年齢・年収差によってさまざまですが、基本は各々ゲストの人数分を負担するのが一般的です。ウェディングドレスの費用は女性側が負担するなど、双方が納得する方法で納めます。

婚活の現場では、真剣交際に入ってからこれらの話を進めますが、実際に指輪や結婚式の話をしてみたら、「この人、ケチだな」「浪費家だな」とこれまで見えなかったところが見えてきて、価値観の違い、文化の違いが表面化し、お互いの気持ちが冷めてしまうケースが非常に多いです。自分の希望を持っておき、相手の意見をどこまで許容できるか。理解できない、受け入れられない意見だったら縁談は進めない、という範囲をあらかじめしっかり決めることが重要です。

特に、住居については、グレードやエリアがかかわってきます。私の結婚相談所「マリーミー」では都心部住まい・共働きの方が多いので、まずはお互いの職場の中間地点に新居を構えることが多かったのですが、最近はリモート勤務のほうが相手に譲ったり、ちょっと郊外に住まわれたりするケースも増えてきました。

エリアのほかにも、戸建かマンションか、賃貸か購入か、新築か中古なのかということによって必要な金額感が変わってきます。いずれもDINKSと子持ちでは考えが異なりますから、どの段階で住まいのエリアやサイズ感をどう変えていくか？　という考えも必要です。「住めば都」と能天気に考えるのではなく、お金の使い方、暮らし方、働き方、子育て方針などをひっくるめて向き合って考えておくことをおすすめしています。

◇結婚後の子育てのお金・教育費

教育費については、小学校や中学校から私立に入れたい、インターナショナルスクールに入れたい、というプラスαの教育費について話し合っておくことが重要です。自分自身にこだわりがない場合も、相手の考えを聞いてみましょう。お互いこだわりがないことがわかれば、結婚して子どもが産まれてから考えていけばいいのです。結婚前に子育ての話をして、違和感がなければ縁談を進めますし、違和感が早めに出ればそれはそれでラッキー。早めにわかれば折り合いがつくかどうかじっくり考えればいいですし、あとから「こんなはずじゃなかった」となるよりずっといいでしょう。

共働きが主流の時代となり、出産後も仕事を辞めない女性がほとんどです。そうなった場合、産休・育休はどれくらいとるのか、子どもを何歳で保育園・幼稚園に入れるのか、何時まで預けて誰が迎えに行くのか。産休・育休中に手取りが減ること。会社の福利厚生によって、時短勤務中の給与や、時短勤務の期間の取り決めが異なり、世帯収入にもかかわってきます。場合によっては、どちらかの実家の近くに住んで、親御さんの手を借りようかという話になるかもしれませんから、新居の場所選びはとても大きなポイントになります。

お金の話題は、「一般的に」「お友達が」とワンクッション。一般論として話し、奥ゆかしさを

諏内えみ

お付き合いしている間柄であっても、結婚にまつわるお金の話は、なかなか切り出しにくいもの。しかし、双方の考え方を確認しておくことはとても大切です。のちに「こんなはずじゃなかった」と後悔しないためにも必須なことでしょう。

交際中の誕生日やクリスマスのプレゼントなどでも、お金の使い方の価値観が垣間見えますが、最初の切り出し方としては、一般論を交えてやや遠回しに尋ねてみること。「世の中の主流は○○らしいのですが、○○さんはどう思いますか?」と話しはじめるのがスムーズかもしれません。

結婚後の家計の話であれば、「最近は、夫婦別財布が主流みたいなんだけど、○○さんはどうしたいですか?」「私のお友達夫婦は、家計管理は奥さんがして、ご主人はおこづかい制にしているんですって。○○さんはどう思います?」というふうに。「お友達が……」と第三者を入れると、「私が……」からはじめるよりワンクッションあり柔らかく聞こえます。植草さんからは、家事分担や将来の子どもの教育費のお話も出ていましたが、そのような話題でも同じようにお伺いできるでしょう。

彼のご両親にも上手に交渉できればよい関係性が保てます。

結婚式前後にかかる費用については、お互いのご両親のご意見もお聞きすることになります。その際もまずは一般論として、「昨今、○○が主流らしいのですが、どう思われますか？」と切り出してみてはいかがでしょう？　お結納に関しては、男性側が結納金・支度金を女性側にお渡しして、女性側は半返しや、時計などのお品をお返しする例が多いようですが、上手に両家のご要望を取り入れて。

もし、あなたが彼のご両親と異なる考えがある場合には、彼の口から「僕はこうしたい」「僕たちはこうしたいと思っている」と、彼、もしくは2人の意見として提案してもらえると、角が立ちにくいでしょう。そのためには、結婚のご挨拶前には、彼とお金の価値観のすり合わせをしっかりしておく必要があります。

自分の意見を彼や彼のご両親がどこまで尊重してくださるのかが、良縁としての判断材料にもなります。「私はずっと○○が夢だったんです」や「子どもの頃から○○したいと思っていました」など、女性としての希望を「夢」や「子どもの頃から」という言葉を入れて素直にお伝えしてみると、彼のご両親としても「それならば叶えてあげたい」という気持ちになってくれるかもしれません。

テーマ17

良縁をつかむ人は、「子ども問題」を明らかにする

まずは女性として自身の希望を。ほしい、ほしくないにかかわらず意見交換を

諏内えみ

お子さんについてのお話は、出産する女性側がご希望を明確に伝えることが大切でしょう。そのうえで相手の意見も尊重する姿勢でお聞きしたいもの。

一般的に良縁と思われるお相手との場合は特に、お家柄によって跡継ぎの問題などご両親やご親類からのご要望があるかもしれません。できたら、結婚を意識するタイミングで話題にしておきたいものです。

例えば、遊園地や行楽地など、お子さん連れが多い場所に出かけた際や、ショッピング中、電車内、レストランなどでお子さんが目に入ったときに、「かわいいわね。きっと子どもがいたら楽しくなりそうね。いくつまでにほしい？」といった会話に持っていけると自然です。

ほかにも、インテリアショップや家具店、家電ショップでのデートで、「2人のうちはちょうどいいサイズだけれど、子どもが生まれたらもっと大きいものがほしくなるかもしれないわね」というふうに、将来を見据えた話題として話されてみてもよろしいかと。

婚姻年齢が上り、DINKS志向や養子縁組、海外での代理出産など多様な考え方を持つ時代となりました。ナイーブな事柄だからこそ、相手の希望や考え方を理解することがとても重要でしょう。

「最近は、こういう選択肢もあるのね。あなたはどう思う?」など、相手の意見をきちんとお聞きし、お互いに歩み寄ることが理想と考えていることが伝わるよう、上手に言葉選びをなさってくださいね。

妊活、不妊治療については、結婚を前提に交際をはじめるタイミングで白黒つける

植草美幸

婚活の現場では、晩婚化の影響もあり、妊活の話題は共通認識であり、男女どちらが聞いても失礼な質問ではありません。子どもを何歳で、何人は産みたい、という話の延長として、妊活や不妊治療の費用や、どういう治療までやりたい、という話をするようになってきました。年齢が上がると、「産まれるまで頑張りたいので、自分の貯金はいくらまで使えます。そちらはいくら出せますか?」ということまでお話ししています。実際、30代になると婚活中に男女ともにブライダルチェックを受け、結果を共有するカップルも増えてきました。

先日、レインボータウンFMラジオ『植草美幸の恋愛結婚相談』に寄せられたお悩み相談で、「相手男性のブライダルチェックの結果が悪かったがそのまま成婚退会し、未婚のまま半年間の不妊治療を。結果、妊娠できなかったのでお別れしたものの、彼への恋愛感情が抜けず、再度はじめた婚活に身が入らない」というものがありました。

もし彼女が当社の会員さまでしたら、「お試し妊活なんてとんでもない!」と成婚

退会を止めています。

一方、こんな婚活カップルの事例もあります。女性が「あっ！　さっき言い忘れちゃったんですけど……」と男性に再度駆け寄ってきたそうです。男性が「どうしました？」と聞くと、「私、明日40歳になるんです。結婚して、子どもを産みたいと思っています。実は、子どもがほしいから結婚したいのです」と言ったそうです。男性は、声を振り絞ってストレートに想いを伝えてくれたことに感動し、「こんな言いにくいことを正直に素直に言ってくれる人は、はじめて会った、信頼できるな」と思ったのだそうです。お互いが真剣であればこそ、デリケートな話題もしっかりと伝えたほうが共感を得られますし、真剣度が伝わることもあるのです。お見合いの事例を出しましたが、恋愛結婚であっても、何歳であってもきちんと話し合っておきましょう。

不妊治療は、女性の身体への負担が大きく、自分が産むんだというプレッシャーも強く感じているもの。男性にも費用や労力の負担はありますが、女性と同じ覚悟を持って協力できるか、女性の負担に寄り添えるかという問題が出てきます。お互い協力できるかどうかがすごく大事なので、デリケートな問題ではありますが、結婚を前提に交際をはじめるタイミングで、早々に白黒つけたほうがいいでしょう。

テーマ18

良縁をつかむ人は謙遜し過ぎず、自己アピールできる

自己PRと謙遜の好バランスは、お受験でも使える謙譲語を参考に

諏内えみ

私の「親子・お受験作法教室」では、難関幼稚園受験や名門小学校受験に向けたお子さまのお行儀はもちろんのこと、ご両親さまの立ち居振る舞い、願書の書き方、面接対策などもトータルで指導しています。そんなご両親さまに私が常に申し上げているのが〝下からアピール〟！

自身を思い切りアピールしたい就活とは大いに異なるのがおもしろいところでもあります。伝統ある人気校の願書や面接では、ご家庭、お子さんのよい部分は必ずお伝えしたいもの。ですが、露骨な自慢と受け取られてはならない場面となりますので、謙遜を交えたアピール文に仕上げることが、腕の見せどころとなってきます。「うちの子は、優しくて明るくてかわいくて、こんなにいい子なんです」「我が家はこんなな素敵な家庭なんです」と言いたいところですが、上手に謙譲語を使いながら、控えめ

な言葉づかいを駆使し、願書の作成や面接の質疑応答トレーニングを行っています。

例えば、「娘は〇〇の能力が非常に高く、幼稚園でもいちばんうまいので代表に選ばれ誇りに思っております」では×。「娘は〇〇に真面目に取り組み、幼稚園で代表に選んでいただけたことがさらに力になったようです。ささやかですが親として娘の成長をうれしく感じております」と言い換えてみるとどうでしょう？　謙遜が美徳と考える日本、特にお受験業界においては、謙虚で品性を感じる言葉づかいでありつつ、お子さんの能力についてもしっかり受け取っていただけるはずです。

また、「おかげさまで」「ありがたいことに」「みなさまに応援していただいて」など、感謝の気持ちを表現することも伝えています。特に、宗教系の幼稚園や小学校のお受験では、周囲の方々への感謝の心をとても大切に考えています。

実は、合格をつかむお受験の対策は、良縁をつかむ婚活においても同様といえます。「私はお料理が得意なのでレパートリーも多く、手間暇をかけ、本格的に出汁から取っていますので、煮物やお味噌汁など和食をはじめ家庭料理もおいしく作る自信があります」と言いたい場合は、「最近はお料理を作るのがとても楽しくて。お出汁からとると、煮物やお味噌汁も全然味が違うの。ちょっとひと手間はかかるのだけど、とってもおいしいんですよ。最近はレパートリーが増えてきて、ますます楽しくなってきました！」と言い換えると印象がガラッと変わるはずです。

　私はお料理が大好きなんです、私にとって楽しく幸せな時間なんです、と伝えることで好印象となりますし、うれしいことをあなたに共有したい、という気持ちも伝わります。「苦労することがあっても、それも楽しくて」という言い回しでも、あなたの頑張る姿がかわいらしく素敵に感じてもらえますね。

「仕事で昇進した」というお話でしたら、「本当にありがたいことに、部長が○○を認めてくださり○○にしてくれたんです」でしたら自慢げに聞こえません。ほかにも「先輩方に応援していただいて……」「些細なことですが、私としては仕事を任せていただけたことがすごくうれしかったんです」など、品よく謙虚に言うことができます。

　このように昇進や肩書き、学歴、試験の合格などについては、「たまたま」「まぐれで」「本当に運がよくて」「ギリギリで」など謙虚にお伝えしましょう。

もうひとつコツがあります、「まだどなたにも言ってないんだけど、○○さんにいちばんに知らせたくて！」「実は、あなただけに言うんだけど聞いてくださる？」「一緒に喜んでもらいたくて！」と前置きをなさってから、「実は、○○の試験に受かったの」などとおっしゃったら……相手の方には「いちばん最初に知らせてくれた」「自分だけに教えてくれた」「僕と一緒に喜びたかったんだ」という特別感を感じてもらえます。好きな人と一緒に喜びを共有したいというかわいらしい思いも伝わりますよね。

◇愚痴は〝アドバイスいただける？〟に置き換えて

逆に、自己アピールどころか、お見合いで愚痴ばかり語ってしまった生徒さんがいらっしゃいました。39歳事務職の女性で、職場の上司、先輩、同僚の方々の不満があり、なんと、はじめてお目に掛かったお見合いの相手に、2時間もつらくて辞めたい会社のことを語ってしまったそう。愚痴を言うと負のオーラが出ます。お見合いがうまくいくはずもなく、良縁には程遠くなるのは当然です。悩みや不安、相談事は2人の仲がある程度深まってから。「あなただから聞いてほしい相談があるんだけど、アドバイスいただける？」と、頼りにしていることがわかるように。

◇答えを濁すときも、凛とした言葉選びで

答えを濁したいときには、凛として、しかも失礼にならない言葉選びをしたいものです。彼とのお付き合いがまだ浅い時期に、過去の恋愛について聞かれたら？「あなたに出会ったので、あなただけよ」や、収入や資産などの質問であれば「あなたの10分の1ほどよ」などジョークを交えて返してみても。

また、部分的に拒否をしたあと、大まかに答えるのが、不快感を与えないコツです。はじめてお会いした方に「なんていう会社にお勤めですか？」と聞かれた場合、「会社名は内緒ですが、金融関係なんです」と、具体的な会社名については拒否、金融関係という大まかな答えを言う……これで否定的な印象を和らげられます。

ただし、結婚を意識した相手であれば、隠したり濁したりばかりでは不誠実となりますのでご注意を。

愚痴、過剰な謙遜、間違ったアピール…これだけは言ってはいけない！

植草美幸

婚活している女性に多いのは、婦人系の病気を大げさに言ってしまうこと。子宮筋腫や卵巣嚢腫、子宮肉腫などの婦人科系の病気は、多くの女性がかかるポピュラーなものですが、男性側の知識が乏しいと「子どもが産めないのではないか」と邪推し、破談になってしまうケースもありました。

本人が不安に思っていると、わかってほしい、理解してほしいという気持ちになり、婚活相手に対しても不安なまま言ってしまい、大げさになってしまいます。自分自身が知識を持って、病気について知る努力も大切です。

似たケースでは、美容医療やエステのことを自慢げに話す女性がいました。「こんな施術をして50万円。1本2万円の注射をした」と自慢げに言ってあきれられていました。

間違ったアピールといえば、謙遜のし過ぎには要注意です。先日、32歳の女性が、お見合いで「ご出身の○○県はどんなところですか？」と聞かれて、「何にもないド田舎ですよ、つまらないところです」と言い放ち、発想が卑屈だとフラれてしまいました。

そういうときは、「緑豊かで、私は大好きなところです。○○が名産でとてもおいしくて、実家から毎年送ってもらっているんですよ」と言えたら、「素敵なお嬢さんだな、僕も行ってみたいな」と思っていただけますし、郷土愛や知性を醸し出すことができたでしょう。

謙遜のつもりで、「仕事の帰りが遅いので、まったく家事ができなくて……」など、余計なことを言ってしまうケースも。彼は彼女の家での様子を知りませんから、そうなのかとストレートに受け止めてしまいます。むしろ、「遅番の日は帰宅が22時頃になるので、毎日自炊とはいきませんが、週に3回は作るようにしています」というふうに、ポジティブな言い回しで結婚後の生活をイメージさせましょう。

愚痴を言うのも辞めましょう。ある38歳の介護職の女性が、デートで仕事の愚痴ばかり言ってしまい、お断りとなりました。内容は「コロナで休みがどんどんなくなって先月は2日しか休めなかった、こんなに頑張っているのに給料は上がらない」という苦労話でした。1回目は慰めてくれたそうですが、何度もマイナスの気持ちをぶちまけてしまうのは非常識です。

テーマ 19

良縁をつかむ人は、たやすく同棲やお泊りしない

自分を律することであなたの価値を高めて。同棲は、良縁を遠ざけるリスクも

諏内えみ

お付き合いをはじめたら、毎日会いたいというお気持ちや、家賃が半分になるという一時的なメリットから、一緒に暮らすことを考える方もいらっしゃるでしょう。同棲はルームシェアとは違います。結婚と同じくらい重い選択と考えるべきです。

「結婚したらこんなふうに暮らしたい」「彼にはこんなことをしてあげたい」という気持ちを、結婚の疑似体験で使ってしまうのはもったいないことです。良縁をつかみたい賢い大人の女性であれば、一緒にいたい感情で飛びつくのは、少々浅はか。のちに、思いもよらないどなたかにあなたの品を問われることがあるかもしれません。

良縁を望むのでしたら、責任ある結婚を選択すべきでしょう。

一時の感情だけで暮らしはじめると、のちに別の方との縁談の際に後悔することも……。興信所の調査で以前の同棲が知られてしまい、破談になったパターンもありました。

私の知人男性の実話です。ご両親が相手の女性について、これまでの素行はもちろん、何代にも渡る家系、代々の病歴と遺伝（隔世遺伝の可能性を考え）などについて、興信所を使って、ありとあらゆることを調べ上げたとのこと。その結果、彼女には表れていない遺伝的な問題点が発覚し、隔世遺伝を危惧され、残念なことに破談となりました。

そこまでなさるのはごく稀でしょう。しかし、過去の素行については簡単に調べられるということは認識しておくべきです。

お相手が良家であればあるほど、過去の同棲という既成事実は印象を非常に悪くし、不利になります。良家の方との良縁をつかみたいなら、どうぞあなたは思慮深く。

一緒に住むのは、「結婚準備のため」だけと心得て

植草美幸

同棲は、婚約してから結婚の準備のための一時的な同居以外はおすすめしません。

例えば、結婚式をしてから籍を入れたい、来年の記念日に籍を入れたいとなった場合、たまたま未婚状態で半年から1年弱、同棲状態になるということがあるでしょう。実際、結婚式場の見学や打ち合わせで毎週予定を合わせるくらいなら、同居したほうが準備をするのにスムーズというケースがあります。

婚活の現場でもプロポーズや結婚の挨拶を終え、婚約が成立したら、同居・結婚式・入籍のタイミングはそれぞれのカップルによって異なり、前後することはあります。

一方、結婚する意思があるかないかもわからないまま、ただ単に家賃が浮くから、もっと一緒にいたいから、という弾みだけで生活を共にするのは、自分を安売りしているのと同じです。良縁をつかみたいなら、夫婦になるけじめを大切にすること。

住所が同じで、家具や家電を運び込んで共有し、家計も生活の時間も共にして過ご

すというのは、夫婦同然です。それを何の約束もなしに決断してしまうのは浅はかでしかありません。

それに、同棲をしていて同じ家に彼がいるとなると、他の方とのご縁があっても、気軽に家に送ってもらったり遊びにきたりなどとはいかなくなります。ほかに素晴らしいご縁があったとしても、遠ざけてしまうことになります。

育ちのいい人が、今現在誰かと同棲している女性と付き合おうと思うでしょうか？「結婚の約束もしていないのに、同棲しているお相手がいるんですか？」と縁が逃げていってしまうでしょう。

「結婚して同居をはじめてから、こんなはずじゃなかったと思わないで済むように同棲する」という意見がありますが、コロナ禍以降、定番化しているおうちデートで普段どんなところに住んでいるのか？　どんな暮らしぶりなのか？　衣食住・ライフスタイルを見ることができます。

ただし、彼をおうちデートに招くときには、自分には見えない高いところのホコリ、水回りの清潔さ、元カレを感じさせるペア食器などに注意が必要です。結婚相談所の婚活では、お泊りが禁止となっていますが、すでにカップルであれば週に1回のお泊りや、数日の旅行でも暮らしぶりはわかり、相手を見極める上ではまったく問題ないでしょう。

私の結婚相談所では、入会時に恋愛経験をヒアリングするのですが、人によっては何度も同棲しています。彼のマンションに転がり込んで、「ぜんぜん私の家に帰ってないから、もう解約しちゃおうかな」と、気軽に一緒に住んでしまうようです。そういう人は、結婚や良縁という意識よりも、とにかく恋人を自分の手元に置いておきたい、自分のもとに帰ってきてほしいという執着や束縛の意識が強い人です。一緒にいることでつなぎとめたつもりでも、急に男性のほうから「俺、結婚するからごめん、別れてくれる？」と言われた人もいらっしゃいます。つまり、簡単にくっついたら、別れも簡単なのです。

私が過去にお世話をした会員さまで、こんな婚活事例がありました。39歳医師の女性で、男性は有名な外資の投資銀行にお勤めの超エリート。お互い多忙なこともあり、彼女の高級マンションに彼が転がり込んできて1年ほど同棲状態だったそうですが、結婚の話は出ず、「このまま悶々としていたら病んでしまいそう」と相談にいらっしゃいました。聞いてみると、その前には他の方と半年、その前にも2年間、同棲状態になっていて、付き合ったら一緒に住む……という恋愛を何度も繰り返しているようでした。彼女の場合、自分自身も医者として忙しいし、相手も4～5時間しか寝ないような多忙なエリートですから、会う時間がなかなかとれないと強硬手段で「うちで寝ていけば？」と言って同棲状態に陥っているようです。

正直、手っ取り早さを重視して自宅に引きずりこんで、すぐに一緒に住んでしまうというのは節操がないし、品がないですよね。男性にとっては自宅に帰るよりも面倒がなくて、冷蔵庫にはビールやおつまみが入っている自動冷蔵庫状態で都合がいいのでしょうが、責任を取るとは限りません。むしろ、責任がないからこそ気楽な寝ぐらなのでしょう。

彼女は「3か月だけ婚活します」と言っていたのですが、結婚の捉え方がズレたまままで、「好きになったら何でもいい」という考えから抜け出せず、まともな婚活を体験することさえできず、退会してしまいました。

読者のみなさんには結婚するかしないかわからない相手のパンツを洗ったり、ごはんを作ったりするエネルギーは使わずにためておいて、良縁をつかんでいただき、ぜひ結婚後の一生のお相手に使っていただきたいです。

テーマ20

良縁をつかむ人は、自分なりのビジョンや人生設計がある

宝塚女優なら？　品格ある人ならどうする？
シミュレーションでビジョンを作る

諏内えみ

私のマナースクールを訪れる女性の多くが、「素敵な人を前にすると、自信がなく緊張で話せない」「誰とでも、自信たっぷりにふるまえ、優雅に堂々とお話しをしたいんです」とおっしゃいます。また、「今までまったくいい出会いがなかったので、自分を高めないとダメですね」と気づき、レッスンを受けられています。

これも将来へのビジョンであり、人生設計のひとつですね。こんな方と出会って、こんな男性と結婚する……というビジョンを持って、今日から自身を磨き、育て、高めていくことは、将来設計としてとても有意義なことです。

私はしばしば生徒さんへ「憧れの方は？」とお聞きしています。それは、職場の先輩であっても、女優さん、タレントさんでもどなたでもよいのですが、多くの方が挙

げられるのが、宝塚ご出身の女優さん。

例えば、真矢ミキさんや天海祐希さん、壇れいさんなど。凛と自信に満ち溢れ、自分を持ち、それでいてエレガント――そんな女性像を目指していらっしゃいます。

彼とのお付き合いの中で、ご自身がどうふるまうべきか？　何と答えるべきか？　と迷った際は、「憧れの方ならそんなときどうなさるか？　どうおっしゃるか？　想像してみると答えが出てきますよ」と申し上げています。自分をその方に置き換えてイメージしてみると、目指す女性の理想的な言動が自然と見えてくるでしょう。

また、生徒さんが彼との間でハプニングやトラブルが生じ、「彼になんて言えば……」と悩まれているときは、「いくつかの選択肢の中で、いちばん品格ある言動は何だと思いますか？」と問いかけます。彼に「あっ、さすが僕が選んだ女性だ」と思ってもらえる言葉やふるまいを想像してみれば、自ずと答えは出てくるはずです。

あなたがもしも彼から別れを告げられたら……「お願い、考え直して」とすがりますか？　「なぜ？　何がいけないの？」と問い正しますか？　「ひどい人ね！」と責めますか？　それとも「わかったわ。これまでありがとうございました」と美しく去りますか？　あなたが考える最も品格ある女性はどんな言動をなさるでしょうか？

人生設計とは2人で描く未来予想図。結局は、仕事と、衣食住・趣味のお金の相性

植草美幸

2人で生き、一緒のお墓に入るまでの設計図、未来予想図をちゃんと引ける人が良縁をつかみます。そのためには、仕事と、衣食住、趣味のお金について自分の軸を持つようにしましょう。自分がこの先を生きる道すじを作っておいて、それにつながる相手かどうか考えるのです。

女性も働く時代ですから、やりたい仕事を続けられないような結婚はおすすめしません。結婚後の仕事をどうしていきたいのか？　子どもがほしいなら、何人・何歳のときに産みたいのか、それをサポートしてくれる相手かどうか？　子どもの教育はどのようにしたいのか？　意見をすり合わせて違和感がないかを知っておきましょう。

衣食住については、日々の自分が穏やかでいられることが重要です。住みやすい場所や環境はどうなのか。自炊と外食のバランス、快適な外食のレベル感。着るものに年間1万円しか使わない人もいれば、ワンシーズンに50万円、100万円と費やす人

もいます。それぞれ違っても、折り合いがつき、世帯の生活費の使い方が一緒にイメージできるかは意識していただきたいです。

先日、婚活中の女性が「今日500円のパンを買ったの」と話したところ、交際中の男性が「1個500円のパン？　高いね！」と言ったことで揉め、破談になりました。女性は秘書の仕事をしていて、年収600万円ほどですが、職業柄、社長や役員の贈り物や差し入れで目が肥えていて、「何が悪いの？　ケチな男性」と感じました。彼は年収1800万円の高収入でしたが、「たまにはいいけど、夫婦で毎日500円のパンを買ったら、パン代だけで月3万円は高過ぎると言いたかった」とのこと。

衣食住のすり合わせは、収入の額面だけではないことがお判りいただけるでしょう。趣味や楽しみについても、生活の一部であり、お金と時間がかかるものなので、それを共有するのか、分けるのかという話に巡っていきます。

「結局、お金の話？」と思うかもしれませんが、いざ家計を考えたときに将来をイメージできるか？　というのが人生設計のひとつではないでしょうか。そもそもですが、結婚生活においてお金はいちばん大事なことですので、すり合わせが必要なのです。これがお互いの価値観、文化の違いへと発達していくのです。

テーマ21

良縁をつかむ人は、良縁ではないと感じたら手放せる

「だって」「でも」は捨てる。不要な縁は手放し、いい出会いをつかむ

諏内えみ

私はマナー・立ち居振る舞いの講師ですが、生徒さんから恋愛相談、人生相談を受けることが本当にたくさんあります。先日も、既婚でお子さんがいらっしゃる男性と4年付き合っているが、もう見切りをつけるべきなのか悩んでいる、という30代後半、秘書の女性からご相談がありました。とはいえ、「誠実な人なので、私、やっぱり信じているんですよね……」と決めかねている様子。しかし話をさかのぼって聞いてみると、「絶対ちゃんとするから」「信じて」を繰り返しているそう。そんな4年は長過ぎます。2年でも長いです。ここでしっかり見切りをつけ、変わらない彼を手放し、新しいご縁が入ってくる空間をつくることをアドバイスしました。

「先生の『手放す』という言葉が響きました」と、即実行、その2か月後には「100倍素敵な男性」とお付き合いがはじまり、「あのとき、どうしてあんなにしがみつ

いていたのか、今では不思議なくらい」と笑顔でご報告いただきましたよ。

凜と、堂々と「私はこう思う。私はこうしたい」と丁寧に説明してもそれを受け入れずにダラダラと一緒にいることを選ぶような男性には今すぐ見切りをつけないと、大きな時間の無駄づかいになってしまいます。よくあるパターンですが、「次にいい人が現れるまで」と保険で相手をつなぎとめている人は、良縁をつかめません。

手放すべきものを手放さないと、いい出会いは巡ってこないものです。荷物を抱え過ぎていたら、素敵な物に出会ってもそれ以上持てません。クローゼットがギュウギュウでは、好みの服を見つけても入りません。物でも、人でも、恋人でも、結婚のご縁も同じです。人生を変えたいと思ったら不要な物、事、人とさよならしましょう。

彼本人だけでなく、相手のご両親のご希望を受け入れがたいときも同じです。考えが大きく違ったまま縁談を進めるのは危険でもあります。

そんなときこそ、「〇〇さんから、話してくださる?」と彼の意見として伝えてもらうのが最も角が立ちにくい方法ではありますが、彼から説得してくれるよう促してもそれを拒む男性でしたら、この縁談を考え直す機会かもしれません。

60点以下は不合格？ 良縁かどうか採点を！「両親や家柄の相性」は必須項目

植草美幸

デートを繰り返したものの結婚に至らなかった、結婚観の違いをあとから知って別れたことがある人は、交際中の相手や、デートフレンドの相手に点数をつけ、60点以下は手放すと決めるのもひとつの方法です。

採点の付け方は、年収や将来性、性格の相性、家柄や親族の雰囲気、住まいの希望、働き方の相性、子どもの人数や妊活の方針、家事分担、子育てについてなど、これまでに紹介してきたあなたの将来にとって大切な項目を10個挙げます。

そして、1つ10点満点で採点してみましょう。結婚相談所では約3人と仮交際を同時進行するので、優先順位をつけられないときに活用していただいています。

点数と聞くとドライ過ぎると思うかもしれませんが、数字にすることで自分の大切にしている条件がわかり、相手を客観的に見ることができます。結果、思わぬ違和感に気づけることもあります。繰り返しになりますが、好きな人・楽しい人であっても、あなたにとっての良縁とは限りません。未来予想図が描けない相手は、手放したほうがお互いのためなのです。

ぜひ採点の項目に入れていただきたいのが、家柄の相性、両親や親族との相性です。自分と相手の相性も重要ですが、結婚を意識し、準備を進める中で、両親・兄妹・親戚とかかわってみると、価値観や文化のギャップを実感することになり、調整力も必要です。場合によっては、身を引いたほうがいいケースもあります。実際にお会いしたときの違和感は、見ないようにして隠してごまかしても無駄。良縁ではないとわかったら手放す覚悟が必要なのです。

ある女性は「一緒にいて楽しい、私にだけ優しい」という理由で急いで結婚し、1年後の妊娠中に離婚しました。彼女は薬剤師、相手男性は親の屋号を引き継いだ土建屋さんで、プロの目で見ると相性はイマイチ。彼に点数を付けたとしたら、60点以下でしょう。しかも、一人親だった彼のお父さまが忙しいと聞き、一度も会わずに成婚してしまいました。蓋を開けて見れば、キレると手が付けられない性格で、実家はゴミ屋敷だったとわかりました……。

結婚相談所の真剣交際中の3大破談理由は、住むところ、エンゲージリング、結婚式の希望の不一致です。この意見が全然合わなかったら、ご結婚まではいきません。

例えば、住居や住まいの場所です。ともにハイクラスな家柄でしたが、最後の最後で新居のことで破談になったカップルがいました。女性は30歳の社長令嬢、生まれ育った東京・恵比寿を離れたくない、戸建て住まいがいいと主張。男性は35歳、年収5000万円で、スポーツカーを2台持っているため、駐車スペースの関係でタワーマンション高層階以外は無理、と主張しました。お互い、どうしても譲れないと言って、成婚直前に破談になったのです。もっと早く話し合っていれば無駄な時間を過ごさずに済んだのにと悔やみたくなる、非常にもったいない別れ方でした。

エンゲージリングの値段でヒヤリとしたケースもあります。女性はハリーウィンストンがいいと言い、男性も了承して婚約をしたのですが、価格まで把握していませんでした。男性は100万円くらいを想定していたのですが、彼女がほしいリングは370万円。見ているうちにどんどんクオリティがさらに上がって、440万円になってしまったのです。予算をずいぶんとオーバーしてしまったため、「彼の予算の4倍以上ですと破談になりかねません。彼が呆れて、この先が危ういですよ」と忠告し、結果、予算内のリングを選び直し、無事に結婚されました。

ほかにも、結婚式の規模や式場、ドレスなど、さまざまな大きなお金が動き、判断を迫られるのが結婚です。自分の思い描くような生活をできない、我慢するしかない相手であれば、積もり積もって不満がたまり、「なんでこんな人と結婚したのだろう」と後悔してしまいます。

でも、手放すばかりでも良縁はつかめません。自分にとって、将来、本当にそれが必要か、大事なことなのかどうか考えてみる視点も持ってみましょう。例えば、「小さいころからの夢だから」とティファニーの200万円の指輪がほしいとおっしゃる。でも、指輪ひとつで、あなたが思い描いた未来予想図が全部潰れてもよいのですか？

こうしてほしい、愛してほしいばかりで我を通そうとすれば、どんな相手でもまとまりません。ここまできたご縁ですから、自分はここまでは妥協できるというところを、自分自身でも改めて考えておいたほうがいいと思います。

ここまで慎重にお相手を見極めて参りました。あとは目の前にある良縁をつかむだけのクライマックスです。プロポーズから婚約へと進み、そして、彼のご両親とのかかわりを深めることで、しっかりと一歩ずつ踏みしめていきましょう。

第四章

プロポーズから婚約、結婚まで

テーマ22

良縁をつかむ人は、プロポーズも上手にエスコートする

マナーはプロポーズを迎える前に完璧に。手首は斜め45度で、エレガントにお受けする

諏内えみ

普段は、格式ばったお店ではなくカジュアルなお食事デートのお2人であっても、「プロポーズは素敵なレストランで」という方も多いでしょう。

さて、そのハレの日の大事なデザートタイムを迎えるまで、あなたはテーブルマナーに不安はありませんか？　美しいふるまいで召し上がれる自信がありますか？

直前に慌てて知識を詰め込むことはできても、にじみ出る品や美しさ、育ちのよさを放つことはできません。ましてや、ドキドキする大切なシチュエーションでは、緊張で頭が真っ白になったり、想定外のハプニングが起こったりするもの。

もしくは、彼が突然のサプライズプロポーズを考えているかもしれません！

どちらにせよ、今から一生の記念となるプロポーズの日に向け、エレガントなテーブルマナーが身につくようレッスンしておくべきでしょう。

プロポーズのとき、彼にリングをはめてもらっている自分の姿をイメージしてみてください！　彼の目に最高に美しく焼き付けたいシーンですので、女性らしい美しい所作でありたいもの。メモリアルな場面として、動画に残すかもしれませんよね。

私がエレガント所作のレッスンでお伝えしていることに、「手首45度の法則」があります。女性は手首の角度を45度に曲げると、とてもエレガントで女性らしく映るのです。これは、上45度でも下45度でも効果を発揮します。彼に指輪をはめてもらうとき、手首をまっすぐに突き出すのはNG。下方向に45度曲げてリングを受けると、前からも横からもエレガントに映りますよ。

もちろん、ハンドケア、ネイルのお手入れも怠らず、美しく清潔感あるプロポーズ仕様に整えておいてください。特に、プロポーズの予感がしたら念入りに！

エンゲージリングには好みがあるので、「一緒に選びたい」という女性も多いでしょう。そこで、プロポーズのときにはネックレスなどを贈り、その後2人でリングを選びに行く、というケースも少なくないよう。その場合は、デコルテがきれいに見える装いにします。ウェディングドレスを意識したホワイト系なども気持ちがアップしますね。

もちろんその日はノーネックレスで！

プロポーズにサプライズは期待しない！「プロポーズされていない」と答える女性が多いワケ

植草美幸

プロポーズは、お互いが納得できるのが正解ですが、女性の満足度を重視するよう、当社の男性会員さまにはお伝えしています。そのために、女性のみなさんに伝えたいのは、自分でシチュエーションを提案したほうがいいということ。そうしないと、あの自分の思い通りのプロポーズはもらえません。

実は、既婚女性にお聞きすると、「プロポーズされていない」と答える方が多いのです。結婚しているわけですから、そんなワケはないのですが……。それは、彼女たちにとって儀式ではなかった、自分が思い描いていたイメージじゃなかったということ。そうなるのがイヤでしたら、自分からこうしてほしいとちゃんと伝えましょう。

結婚を前提に交際する良縁のお２人にとって、プロポーズはサプライズではなく儀式で、一緒に記念日を作る日なのです。

職業柄、プロポーズが成功するよう、事前に女性が希望するシチュエーションをお聞きし、男性にかなえていただくようサポートしています。いちばん最初にデートした場所や、思い出の場所はありますか？　とお聞きします。

王道のシチュエーションなら、夜景が見えるおしゃれなレストランで、時間になるとウェイターが花束を持ってきます。そこで、彼はひざまずいてエンゲージリングをカパ！と開いて、「結婚してください」というプラン。ほかにも、レストランにミニ教会がついていて、彼がしばらく席を外すと、ウェイターが女性に声をかけます。すると、ミニ教会の中でバラやエンゲージリングを持った彼が待っているという演出も。このように具体的に、こんなプランがいいと伝えられると間違いありません。

婚活の現場では、念入りにプランを考えるのですが、「なんでこんなところで言ってしまうの？」と女性が怒って帰ってしまったことがありました、しかも3回も。男性の好意があふれ過ぎて、記念写真を撮る山の途中で思わず、「結婚してください」と言ってしまってやり直し。デートの帰り道、病院の駐車場で「結婚してください」と言ってやり直し。デート中、横断歩道で「結婚してください」と言って、やり直し。3回失敗して、4回目にやっとレストランでちゃんと言えた男性がいました。

ほかにも、シャンパンの中に指輪が入っている演出で指輪をなくしたりなど、サプライズの失敗談はたくさんありますが、こんなところにしておきましょう。

テーマ23

良縁をつかむ人は、親対策は万全に

諏内えみ

マナーは大前提！　顔合わせは手土産と「ハロー効果」で急激に距離を縮めて

彼からのプロポーズをお受けしたら、男性が女性のご実家に結婚の承諾をもらいに行き、次に、女性が男性のご実家に伺いご挨拶。その後は、親同士を含めて顔合わせをし、男性側の親が女性側の親へ「お嬢さんをお嫁さんにください」とご挨拶したら晴れて婚約、お結納、という段取りが長らく続いてきた一般的な流れとなりますが、現在は簡易になさる傾向にあります。

◇レストランを任せられたら段取りよく

結婚のご挨拶で彼のご両親にはじめてお目に掛かるとなると、かなり緊張することでしょう！　そこで、彼との事前のすり合わせが大切になってきます。日程と場所はお伺いを立て、ご自宅へ伺うのか、またはレストランなどの飲食店がよいのかはご両親に委ねましょう。

もしレストランを任された場合は、「お母さまはどういうのがお好み?」「お父さまは外食ではいつもどんな所へ行かれるの?」など、彼のご両親の好みを必ず取り入れ、アレルギーや苦手なものをあらかじめ伺っておき、予約時にお店側に伝えることを忘れずに。

お店のジャンルが決まった時点で、その日のためにテーブルマナーを受けにこられる方は、男性でも女性でも少なくありません。どなただって緊張しますでしょうし、ここぞというときには絶対に失敗したくないですものね。「明後日が彼の両親との会食なんです。今日か明日、受講できませんか!?」とギリギリでご相談される方も!

マナー取得はぜひ余裕を持って。

◇ご実家での顔合わせは手土産がカギ

彼のご実家でお会いする場合は、お昼時やお夕飯時を避け、お茶の時間帯に1~2時間程度予定なさるのが常識的です。だいたい午後2時から4時頃の間と心得ておきましょう。

ご自宅にお邪魔する際、忘れてはいけないのが手土産です。私の生徒さんたちも、手土産選びには相当悩まれていらっしゃるご様子。「こちらでしたら間違いないですよ」と候補としていくつかお伝えすることもあります。

まずはお母さまお父さまのお好みを彼に確認なさるのが先決。アレルギーや健康のために控えている食材の情報も必要でしょう。「私の地元の名産です」と、出身地のお菓子などを持って行かれると話題が広がり、印象にも残ります。もし迷われたら、老舗の菓子折りですと、まず間違いはないでしょう。

◇「育ちがいい人」は知っている手土産のタブー

ここでは必ず覚えておいていただきたい、大切なシーンでの手土産作法についてお伝えします。

一般的には、ある程度お日持ちがよく、わざわざカットするなど相手の手を煩わせることなく召し上がっていただけるお品が最適です。特に、お顔合わせのような正式な場面では、持ち運び用の紙袋からは出して、お品だけでお渡しするのがマナーですので、包装紙やラッピングに品と重みが感じられるものが好ましいでしょう。

もちろん風呂敷に包んでお持ちしても結構ですが、使い慣れていない方が洋装で持つと浮いてしまうこともありますし、また、風呂敷のお作法も問われますので、あまり無理に使わなくても大丈夫ですよ。

また、相手のご自宅近くや最寄り駅周辺で購入なさるのは×。手っ取り早く済ませた、ちゃんと考えていなかった、ついでに買ってきた……などネガティブな印象を与えてしまいます。なお、わざわざ違う地域で購入したのに、実はご自宅の近くに支店があった！　ということも考えられますので、事前に調べておけば安心ですね。

私は購入の際、「○○の辺りに支店はありますか？」と確認するようにしています。お渡しするときは、「お母さまは○○がお好きだとお聞きしたので……」と、まずはお母さまをロックオンなさるのも王道です。

◇お茶のマナーが見られている！

彼のご実家でお茶やコーヒー、お紅茶をいただく際のマナーも心得ておかなければなりません。日本茶は必ず両手で、コーヒーカップやティーカップは片手で持っていただきます。ケーキや焼き菓子類が出されることも多いかと思います。お食事も同様ですが、召し上がる際は彼のご両親など目上の方のペースに合わせるのが基本です。大皿ではなく、銘銘に取り分けられて出された場合は、せっかくご用意していただいたものですから、できるだけ残さずにいただきましょう。もちろん、「おいしいです」

のひと言もお忘れなく。

◇彼の呼び方で常識を測られる

はじめの頃は、彼のご両親の前で普段使いの呼び名はNG！　○くん、○○ちゃんなどあだ名で呼ぶのは決して好印象ではありません。お名前にさん付けで呼ぶのが正解です。また、相手のご両親の呼び方も悩むところですね。いきなり「お母さん」「お父さん」ではなく、「○○さんのお母さま」「○○さんのお父さま」とお呼びするのが丁寧で常識ある印象となります。

◇話題は準備するのがマナー

当日、「どんなお話をしたらいいのかしら」「もしも沈黙になったらどうしましょう」と心配もあるかと思います。手土産と同様、彼のご両親との話題についても、やはり彼にお手伝いしてもらいましょう。ご趣味やお仕事内容、ご出身地や嗜好品など、できるだけ多くの情報があると助かりますね。ぜひ前記しました（78ページ参照）社交会話と同じように、10個以上の話題を用意してから向かうという気持ちで臨んでください。

◇「ハロー効果」でグッと近づく！

会話の中で共通のものがあると、社会心理学用語で「ハロー効果」と呼ばれ、なぜかとても親しみを感じ、好意を持ってもらいやすいと言われています。例えば、出身地、出身校、部活動、習い事、趣味、スポーツ、嗜好品、誕生日や星座、血液型、共通の知り合い……など。ご両親さまがこれまでなさってきたスポーツや習い事、ご趣味など、なにかひとつでもあなたとの共通点をあらかじめつかんでおくと、グッと近づけるはずです。

婚活の場面ではキーパーソンと言われるのが彼のお母さま。できるだけ早く仲よくなるためにも、まずはお母さまが話しやすい話題がいちばんです。例えば、「○○さんは、小学生の頃、どんなお子さんだったんですか？」と、彼の幼い頃のお話などはお母さまの得意分野！　彼の意外な一面を知ることができるかもしれませんので、和やかで楽しい時間になりますね。

お父さまには、お仕事の話のほか、「お休みの日はいつもどのように過ごされていらっしゃるのですか？」などお聞きになってもよいでしょう。もちろん、事前にリサーチしておくと、「そうなんですか。私も最近興味がありまして、先日○○の展覧会に参りました」「おすすめがございましたら教えてください」など、会話も盛り上がります。あなたの傾聴の姿勢や共感の言葉で好感度もアップしますよ。

◇彼を褒めることは両親を褒めること

「〇〇さんがご誠実なのはお父さまお母さまのおかげなのですね」や、「〇〇さんのお仕事への姿勢が素晴らしいと思っており、とても尊敬しています」など、彼を褒めることができると、ご両親もきっと喜んでくださるでしょう。彼自身も、「あ、彼女はそんな風に思ってくれていたんだ」とうれしい気持ちになりますし、同時に、自分を育ててくれた両親も褒められていると感じて喜んでくれるはずです。

◇お目に掛かるときの服装は、好感度の高いワンピースやジャケットを

女性らしいワンピースは好感度が高くおすすめです。また、お揃いの生地のジャケットがあると、料亭などでのお顔合わせの場面のような、かしこまったシーンでも重宝します。

テイラードジャケットですと少々堅いイメージになりますので、丸襟や襟なしジャケットに、フレアスカート、など柔らかいフェミニンなスタイルがおすすめです。パ

ンツ類は避けたほうが好ましく、特に半端丈のものは目上の方とお会いする際、ふさわしくありません。サンダルやブーツも避けましょう。ロゴなどが大きくひと目でブランド品とわかるものもおすすめしません。金額的にも印象的にも、目上の方より少し控えめにしていくのが品というものです。

◇意外と緊張する！　玄関でのマナー

彼のご実家を訪問する際は、玄関での場面もきちんと計算に入れておきます。ミュールやローファー、スニーカーはもちろんのこと、冬場のブーツも避けたいもの。脱ぎ履きに時間やひと手間掛かかってしまうファスナーやボタン付きのものや紐靴は、緊張したシーンにはふさわしくありません。焦って余計に手間取り、さらに緊張してしまうかも。スムーズ、かつスマートな脱ぎ履きを考えたら、シンプルなタイプのパンプスがいちばんです。靴の中敷きもチェックしておいてくださいね。

はじめての挨拶は、準備が7割！当日は食事よりも、「立てて褒める」に集中

植草美幸

いよいよご両親にお会いする場面です。正式な結婚の挨拶にも、ちょっとした顔合わせにも活用できるアドバイスをお伝えします。まず、順番的には、先に男性が女性のご実家に伺い、親御さんに「お嬢さんをお嫁さんにください」という許可をもらい、「どうぞよろしくお願いします」となってから、女性が男性の親御さんに会いに行くときには、「私たち、結婚します」という前提で伺うことが多いです。

個人的には、はじめて彼のご両親に会うときは、食事会にはせず、ご挨拶に徹することをおすすめします。レストランで食事をするのは、何度かお会いして、結婚が決まってからでもよいでしょう。はじめては名刺交換のつもりで、「私はこういう人間です」と伝え、彼を立てて相手を褒め、ご実家の雰囲気を見てくることに集中しましょう。

なぜなら結婚の挨拶は準備が7割と言っていいほど重要で、意外にも手いっぱいになります。結婚への準備、結婚式について、結婚後どうしていくのか。彼としっかり

話し合って、親御さんから聞かれたとき、2人の意見として答えられるようにしましょう。余裕をもってマナーを身につけ、第一印象を決める身だしなみも整えます。持参する手土産、ご両親の好みや話題について事前のヒアリングも必要です。彼のご実家に伺う際は、長居は禁物。短時間でおさまるように何をどう話すか準備しておきましょう。

◇気づかいある「褒めテクニック」をちりばめて好印象に

いざ当日、お宅にお邪魔したら、「静かなところでよろしいですね」「お母さま、若くておキレイですね！」「素敵な器ですね」、何かをいただいたら「たいへんおいしいです」と次々に褒めましょう。2〜3回褒めると、お母さまが照れ隠しで、「うちの息子のどこがよかったんですか？ だらしなくてご迷惑おかけしているでしょう？」というふうに聞かれることがありますが、それはトラップです！ 調子に乗って同調することなく、「いいえ、そんなことないです。こういうところを尊敬しています」と答えましょう。

また、「お母さまお父さまのお話をよく伺っていたので、お会いしてみたいと思っておりました。お目にかかったら本当に素敵なご両親で……」と、日頃から彼がご両親の話をよくしてくれることをお伝えしましょう。

◇去り際も美しく、計画的に！

帰る時間はあらかじめ決めておき、両親にも伝えておいてもらうとスムーズです。彼から「そろそろ送っていくね」と声をかけてもらいます。最後に、「〇〇さんのお父さまお母さまにお会いできてうれしかったです、ありがとうございました。本日はお邪魔しました」と手短にお別れの挨拶を述べましょう。なお、挨拶のあとにデートの予定を入れるのはやめて、彼に駅まで送ってもらう程度にして、彼を早くご実家に戻して、家族でお話しをする時間を持っていただきます。自宅に着いたら彼に連絡をして、「素敵なご両親だね、会えてうれしかった！」とお礼や感謝を伝えましょう。彼の両親にお礼の手紙を書くと好印象です。

◇彼と自分の両親は、「プチ交流」「プレ顔合わせ」も吉

女性が、自分の親に会わせる場合は、正式な結婚の挨拶の前に、自分の母親と彼と3人でプレ挨拶をすることをすすめます。例えば、彼とデートの日に、「母が近くにきているから、よかったら3人でランチしない？」と言って、お茶やランチをする機

会を設けて、力強い味方になってもらいましょう。

面と向かって話すのが苦手なお父さまには、アクティブな場面でのプチ交流も検討してみましょう。ある30代の婚活カップルは、お父さまとお父さまの友達とゴルフに行ったそう。彼が娘のゴルフバッグを持ってあげる姿をみて、お父さまのほうから「娘と仲よくしてもらっているようで。よろしく頼むよ」と言ってくれたのだとか！

◇「娘にしたい」は最高の褒め言葉！

最近は一人っ子家庭も多いですから、「○○さんがきてくれて、かわいい娘ができたみたいでうれしいわ」と言っていただけることを目指しましょう。

婚活の現場では、膝下のカプリパンツにノースリーブ、素足にサンダルでご挨拶に行ってしまい、彼のご両親がビックリ仰天なんてトラブルも。ほかにも、玄関先で「こんにちは！」と元気よく大声で挨拶してズケズケと上がりこんだ女性もいました。逆に、彼の実家の階段やテーブルの上が物置状態に散らかっていたり、彼のマザコンぶりを目の当たりにして破談になったりしたケースもありました。

男女ともに、両親とパートナーを引き合わせる際は、ご実家の整理整頓や、基本のマナー、服装など、あらゆるところに気を抜かずに準備しましょう。

テーマ24

良縁をつかむ人は、親と意見が合わなくても意志を貫く

お父さんの反対に娘がちゃぶ台返し!? 自分の両親は自分で対処して

植草美幸

彼の両親とあなたに意見の食い違いが出た場合、自分からの反論や否定は避けましょう。家同士の話もありますから、「そうなんですね、私の家でも話し合ってみます」と、実家を引き合いに出し、彼からも「彼女のご両親のご意向もあるからね」と釘を刺してもらうのも手です。

逆に、自分の両親と彼と意見が食い違ったら、彼の味方をしましょう。自分の両親が結婚に反対したら、衝突してでも説得し、彼をかばう、良縁を守るという気持ちも大事です。

ある女性会員さまは、相手男性との真剣交際が決まり、「結婚相談所で紹介してもらった人とお付き合いしていたのだけど、結婚したいから連れて行くね」と、実家の

ある広島県に住むお父さまに連絡をしました。

了解してくれたので、後日、彼と一緒に実家に帰り、彼からも丁寧に挨拶をしてもらいました。しかし、お父さまは「ちょっと考えさせてくれ」と言い、お開きになってしまったそうです。2人は唖然とし、暗い顔をして新幹線に乗って帰ってきました。

その日の夜、彼女から泣きながら電話があって「結婚がダメになるかもしれません」というのです。

私は、「彼にはフォローを入れておくから、あなたは来週1人で実家に帰って、ご両親を説得してきてください。ちゃぶ台をひっくり返してでもお父さまと話をつけてきて」と激励しました。すると彼女は、本当にテーブルをひっくり返す勢いで激昂して、はじめてお父さまに歯向かったそうで、家族もびっくりして慌ててなだめ、なんとか丸く収まりました。

お父さまとしては、本当は地元に戻ってきてほしくて、過去に地元の男性とお見合いをしたもののうまくいかなかったことが心残りで、思わず態度を硬くしてしまったのだそうです。

「相談なのですが」「アドバイスください」と頼りにしながら希望を伝える

諏内えみ

婚約中には、双方のご両親、ご家族と相談して決めることが山ほど出てきます。プロポーズまでは、本人同士だけの問題ですが、結婚に至るまでのお式、披露宴、入籍、新居などを決める際は、双方の親の意見を取り入れなければならないことも少なからずあるでしょう。できれば結婚の挨拶の段階で、「私たちはこうしようと思っていますが、いかがでしょうか？」と2人の意見を決めたうえで、お伺いを立てる姿勢でご両親に伝えてみましょう。そこで、2人の結婚だから、2人で決めなさい」と言っていただけると非常にありがたいですが、時には意見が異なることも……。

例えば、「○○さん、結婚したらお仕事はどうなさるの？」など、辞めてほしいという意図で聞かれたら？　仕事を続けるつもりだったあなたと、結婚したら家庭に入るのが当たり前だと思っているご両親、そんな悩める事態もしばしばお聞きします。

そんなとき、「もちろん私は続けます」など自分はもう決めているという言い方ではなく、「お母さまにご相談しようと思っていたのですが……」と、相談相手として頼りにしているスタンスをとってみてはいかがでしょう？

職場の女性の現状や、ご友人の例を挙げながら、自身の希望を柔らかくおっしゃってみてください。「私の周りは、結婚後もお仕事を続ける方がほとんどなんです」「○○さん（彼）も、しばらく続けてみたら？と言ってくださっているので」と、彼の意見としてもお伝えできると、なお角が立ちにくいでしょう。

さらに、「家庭のこともキチンとやるためには、どんな努力が必要なのか、アドバイスいただきたいです」とお母さまを頼りにしていることが伝わる言い方ができれば、きっと味方になってくれる確率がアップしますよ。

ここで、要注意事項！　彼のご両親との会話では、「今の時代は」「昔と違って」「今どきは」「古い」などの言葉は控えること。たまたま「私の周りは」「私の会社では」や、「○○さん（彼）も」というニュアンスのほうが好ましいでしょう。

なかには「結婚したら、近くに住んでくれるといいわよね」「○○家は代々、披露宴ではこれを着て……」「人数は○人以上でないと格好がつかないし」と、やや強引なご要望もあるようです。まずは、「そういう考えもありますね」と一度保留になさり、彼の口からやんわりと希望を伝えてもらうほうが賢明です。

テーマ25

結婚式場やドレス選びでも、両親と上手にかかわる

理想を叶えたいなら、実母を味方に。ドレス代は女性側が持つ覚悟で

植草美幸

女性側のお母さまにとって娘の結婚は、娘を育てることの集大成ともいえる喜びです。自分たちで好きにやりたいという気持ちもわかりますが、最後の親孝行だと思ってお母さまにかかわらせてあげてほしいものです。同行される場合も、娘のウェディングドレス姿をたくさんみたい、選んであげたいと思っていますから、「どれがいいと思う？」と聞いてあげてください。

お金の話でいうと、ウェディングドレスは高級なものだとレンタルでも100万円以上することがあります。特に、彼や義理の両親が同行すると、値段も気になってしまうでしょう。そういうときは、結婚式費用を各々のゲストの人数分で負担すると決めていたとしても、「費用については各々のゲストの人数でお支払いし、ドレス代に

ついては高額になるかもしれないので、こちらで負担させていただきますね」と言っておくと納まりがいいですし、ご自身も気兼ねせず選べます。

エンゲージリングは男性からの贈り物ですから、男性持ちのことが多いですしね。ウェディングドレスだけでなく、式場についても、お金の話はちゃんとすることで、自分の意見を通しやすく、選択肢を広げられることがあります。

結婚式の規模感のことで言い争いになってしまった、婚活事例がありました。

男性は会社経営者で、仕事の関係者やご友人を招いて盛大にされたく、最低でも60人は呼びたいとおっしゃいました。一方の女性側は、社会人になって数年の会社員です。田舎の友人を招待するのも気が引けるので、大規模なお式を望みませんでした。話し合っても男性が譲りませんでしたので、2人の仲にも亀裂が入ってしまいました。

女性側が家族会議をしたところ、お母さまが「反対も賛成もしないわ。辞めるなら辞めてもいいのよ。自分で決めなさい」と言い、結局破談となりました。女性としては、結婚したあとも自分の親を大事にしてくれず、突っかかってくる男性では、うまくいかないと判断するに至ったようです。

お義母さまと意見が分かれても、お店のスタッフを味方につけてドレス選び

諏内えみ

彼のお母さまがウェディングドレス選びに同行される、という話もしばしばお聞きします。「うちは女の子がいないから、娘ができてうれしいわ。ご一緒してもいい？」と言われたら、お断りするわけにはいきませんね。「ぜひご一緒ください」と、女性同士、仲を深めるよい機会でもあります。

ただし、趣味、センスが合うとは限りませんから、「○○さん、こちらのほうがいいんじゃない？」「それ、ちょっと肌を出し過ぎだわよねぇ」と、あなたが着たいデザインにすんなり決まらない可能性もあります。

それを想定すると、彼とご自身のお母さまにもご一緒してもらい、あなたの希望のものが選びやすいよう援護してもらうのが賢明でしょう。

また、ショップのスタッフの方にあらかじめお願いしておき、「こちらは今いちばん人気のドレスなんですよ」「華やかさの中にも品があり、とてもよいチョイスでい

らっしゃいます」などサポートしてもらえると心強いですね。彼、自身の母親、お店の方を味方につける！　ということです。

いずれにしても、お義母さまの意見をまずは一度、受け入れてください。「本当ですね、素敵ですね」と、とにかく否定をしない。そのうえで、「あ！　私、こちらも気に入りました」と希望のドレスをうれしそうに伝え、みなさんにも賛同してもらう……というかたちがいちばんです！

式場選びやプラン決めなどでも、お義母さまに対するお作法は同じです。いきなり否定はしないで、「お義母さまのご意見、とてもよくわかります」という肯定の言葉から入れば、角が立ちにくいものです。

良家の方となると、「代々受け継がれている指輪を、○○さんにお譲りしたいわ」とおっしゃるお母さまもいらっしゃいます。ご好意で、よかれと思っておっしゃっているので、例え趣味が合わなくても結婚祝いとしてありがたくいただき、彼のほうから、「婚約指輪は、僕が自分で選んだものを贈りたいから」と伝えてもらうようお願いしてみてください。

おわりに

良縁は、生涯2人で育てていくものです

植草美幸

結婚1年目が勝負！　向き合うことを投げ出さず、10年20年と良縁を育てましょう

結婚相談所は、お付き合いから3か月くらいで結婚しますから、みなさん大急ぎのスピード結婚です。目の前のことで精いっぱい、成婚という大きな山を越えて精いっぱい。できたてほやほやの即席夫婦が頑張って夫婦のカタチをつくっていくのが結婚1年目なのです。

そんな新婚カップルのみなさんが成婚退会のご挨拶にいらっしゃるとき、必ずお伝えしていることがあります。

◇新婚の1年間こそ、たくさんケンカして

まずは、「最初の1年が勝負よ。たくさんケンカをしてください」と言っています。ラブラブな時期にケンカなんて⁉　と思うかもしれません。でも、ケンカといっても

殴り合いや言い争いではなく、意見が衝突することを恐れないでね、ということなんです。

「私はこう思う、こうしたい」「あなたはどう思う？　あなたはどうして、そうしようと思ったの？」と、言葉で伝え合いましょう。相手と意見が違っても、その理由に耳を傾けて聞き、理解する努力をしましょう。お互いの考えの違うところがあったら、まずはその思いを知ってあげることが大事です。理解できれば歩み寄れますし、理解できなくてイライラしても生活は続きますから、知らないよりはマシです。こうして少しずつ一歩ずつ2人だけの文化ができていきます。

3年以上が過ぎてしまうと、「今さら言っても無駄、この人は変わらない」とあきらめが出てきますから、最初が肝心なのです。1～2年がすり合わせ、3年目になったらお互いをわかり合っている状態になれるように協力していきましょう。

◇毎日ハグして、毎日同じベッドで寝ましょう

そして、「行ってきますとおかえりなさいのハグは絶対にしましょう。ケンカをしても同じベッドで寝てね」とも言っています。結婚相談所の場合はスピード婚ですので、なかなか結婚の実感がわかない人もいますから、まずはスキンシップをすること

で夫婦の愛を深めましょう。いずれ新婚の時代を過ぎてもスキンシップの習慣があると、セックスレスや熟年離婚の防止にもなります。

◇向き合うことを投げ出さず、その日のうちに夫婦で解決を！

それから、「ケンカをしてイライラしても、絶対に家から出て行かないこと」。リビングのソファや車で寝るのもダメ。背中を向けていてもいいから、同じベッドに寝ると決めましょう。1回でも許すと、知らないうちに家庭内別居が起きてしまいます。

感情をコントロールするために、ちょっとだけトイレやバスルームに籠ってもいいから、その日のうちに向き合うこと。絶対に、投げ出さないでください。気持ちを納めてなんとかして一緒に寝てみると、翌朝には意外にもスッキリとしているもの。横を見て「なんだかかわいい顔で寝ているな」と思って許せたり、気まずい気持ちで話しかけてみたりするうちに、「行ってきます」のハグの時間になります。

夫婦って、そんな日常を繰り返していくうちに、2年たって3年たって、空気みたいな存在になっていくものなのです。

◇まずは1年！　実家に逃げず、彼のご両親に注力しましょう

家庭で解決しないといけない問題が起こったとき、夫婦でしっかり向き合って答えを出す前に、さっさと実家に電話して「お母さん、聞いて！」と文句や愚痴を言ってしまう習慣が抜けない人がいます。

実家に逃げ帰って戻ってこなくなったり、「そんなオトコ、別れちゃいなさい！」とけしかけられたりする。実はこれが離婚の原因になるケースがとても多いのです。

都心部だと、家賃の問題から男女ともに結婚直前まで実家に住む人が増えています。精神的に自立できているなら同居は否定しませんが、結婚後も親がかりの気持ちが抜けないのは問題。会社の帰りにそのまま実家に帰ってご飯を食べて、新居に帰ってきたら寝るだけ、という人がいます。あまり頻繁だと、精神的な自立とは言えません。

昔は結婚することを、別の家の娘になるという意味で「嫁ぐ」と言ったものです。古い言葉ですが、実家を逃げ道にせず、夫婦で向き合うべきと解釈しましょう。

むしろ、結婚1年目は、彼のご両親への気づかいを抜かりなく行うことに注力を。相手のお母さまの母の日のカーネーションを半年前から予約しましょう。お近くだったらお届けするといいですが、宅配便なら早い時間や前日にお送りするのも好印象。忘れがちな父の日も同様のお祝いやギフトをご用意しましょうね。

それから、新婚旅行の前後に「行って参ります」「無事に帰ってきました」という一報を入れるかどうかで印象が変わります。親御さんからお餞別《せんべつ》をもらうこともありますが、それはお土産を買って、写真を見せて、うちの子との思い出話を報告してね、という意味だと心得ましょう。

まずは1年。相手もご両親も、ご自身も、結婚してよかったなと思えるような新婚期間の1年間を過ごすことを第一の目標にしていただけたらいいと思います。

それを、2年目、3年目へと継続していきましょう。

◇向き合うことを投げ出さず、夫婦で解決を!

結婚というのは、人間のステージが上がる大事なタイミングです。そういうタイミングは、社会に出るとき、結婚するとき、お子さんの受験のときくらいのもので、とても貴重な機会でしょう。

あなたは、自分がちゃんとした大人になった結果として、良縁をつかみます。あとは、夫婦で向き合って、解決して、自分が作った家族をちゃんと独立させること。これが良縁を育てていくことです。

人間は完璧じゃないけれど、いくつになっても進化していけます。ですから、婚活中においても、完璧に完成した相手を追い求めるのではなく、一緒に成長していける人、向き合っていける人を探していきましょうね。

◇良縁をつかめた未来のあなたへ

見事！　良縁をつかんだあなたへ。本当におめでとうございます。

本書を通じてマナーやノウハウをお伝えしましたが、良縁をつかめたのは、ほかならぬあなた自身の努力です。

ご縁は目に見えるものではありません。そのためつかんだご縁も一見すると大したものではないように感じ、ぞんざいに扱ってしまう人がいますが、あなたが選んだお相手です。

これからは宝物のように大切に磨いていきましょう。宝物？　磨く？　といきなり言われてもイメージが湧かないかもしれませんが、なにも難しく考えることはありません。それは、相手を思いやり受け入れ、どんなときもそばに居続けるということ。それだけです。

人生100年時代。結婚して夫婦関係が円満だったとしても、自分もパートナーも職場や日常生活で悩んだりすることもあるでしょう。そんな悩めるときに気兼ねなく相談できたり、「クヨクヨしないで！　明日はおいしいものでも食べに行こうよ」と言ってくれる人がいるだけで、重々しく見えていた自分の周りの景色も随分と軽くなるのではないでしょうか。

逆に、相手が自分に「そこは違うよ」と教えてくれたり、注意してくれることもありがたいことです。

人は年齢を重ねると、注意することを馬鹿馬鹿しいと思ってしまいがちですし、わざわざ相手に言おうとも思いません。「そういう人間性だから」というひと言で片づけられてしまいます。それでも相手のことを考え、伝えるというのは、この先も一緒にいたいと思える相手だからではないでしょうか。まさに夫婦ならではの関係性といえるでしょう。また、それこそが素晴らしい出会いの本質といえます。

結婚は人生の転機になります。この先も大切に育んでいきましょう。

2人の「当たり前」が、理想の家庭を築き上げる。結婚後も育て続け、伝承していきましょう

諏内えみ

晴れて良縁をつかんだら、妻となり、いずれ母となる方もいらっしゃるでしょう。そのときに、お子さんのいちばん身近で、いちばんよきお手本になれるよう、美しい所作やふるまい、そして品ある言葉づかいが当たり前なお母さま、そしてご家庭であっていただきたいと願っています。

ありがたいことに、何年か前に婚活レッスンを受講されていた生徒さんが、見事に良縁をつかみ、数年後に今度はお子さんの幼稚園受験や小学校受験のため、再び私の「親子・お受験作法教室」へご家族で通っていただいているという方が大勢いらっしゃいます。

現在ご受講中で、ご自身が公立・国立育ちのご主人さまは、お嬢様学校で育ってきた奥さまの女性らしく品があり、育ちがいい姿を日々ご覧になっていて、「女の子が生まれたら、絶対に彼女の出身校のお嬢様学校に行かせたい」と、熱心に通ってくださっています。こんな言葉を言ってもらえたら、女性冥利に尽きますね。

◇にじみ出る育ちのオーラは一生の財産

お受験の指導をしていると、ご結婚前から自分を育てる意識があった方と、お受験のため数か月前に駆け込んでいらした方とでは、にじみ出るオーラが顕著に違うことがわかります。それは親だけではなく、お子さんのお行儀やお話の仕方にも共通していえることです。

私が申し上げている「育ち」は、もちろん大人になってからも自分で育てていくべきことを示しているのですが、幸運にも幼少の頃に「当たり前」として吸収できていたら、それはお子さんにとって親から贈られた一生の財産、そして宝物となります。

「うるさい母親だと思っていましたが、今になってみるととてもありがたく、感謝しています」という言葉を、私は幾度もお聞きしています。のちのち気づくことなのですよね。その感謝の思いをお母さまに伝えて差し上げたら……こちらもまた、子どもから親への最高のプレゼントとなるでしょう。

◇美しい所作と日本語を「当たり前」に

「親子・お受験作法教室」にいらしているお子さんの話し方で、家庭の様子や会話が垣間見られます。子どもは親の言葉を真似ますから、家庭内でのお母さまの言葉づかいが手に取るようにわかるのです。

「娘はどこからか悪い言葉を覚えてきてしまって……」とおっしゃるお母さまも多いのですが、実はお父さまお母さまが普段使われている言葉だった、ということが結構あります。

日常の「おはようございます、おやすみなさい、ただいま、おかえりなさい」という挨拶さえも、寝ぼけて目をこすりながら、あくびをしながら、テレビや新聞を見ながら……と、〝ながら〟で言うのではなく、きちんとお子さんの目を見て、挨拶と共にお辞儀をする。ちゃんと玄関まで行き、いってらっしゃいと言う。外で出会った方にも、こんにちは、さようならという挨拶を〝ながら〟ではなく、立ち止まってする——これらをご両親が当たり前に続けていれば、お子さんにとっても当たり前になります。ぜひご夫婦で「こんな家庭にしたいわね」「こんな子に育ってくれるといいね」とお話ししておきましょう。

◇難関お受験で合格を勝ち取る家庭とは

お受験の面接では、母親に対して「お父さまの尊敬するところを教えてください」、また父親には「お母さまのどのようなところを、お子さんに引き継いでほしいですか？」「お子さんとお母さまが似ているところは、どんなところですか？」という質問がよくあります。もしそこで迷ったり答えられなかったりしたら……結果は目に見えています！

「妻は言葉づかいが丁寧で、挨拶を大切に考えてくれています。そういうところを、娘にも引き継いでほしいと思っています」などと言えたら、家庭内の様子や教育方針が伝わり、好印象を持たれることでしょう。お手本となる両親がいて、ご家庭できちんと教育してきた年月があれば、それにふさわしい幼稚園や学校がきっと選んでくれるはずです。

◇人を褒めることを当たり前に

「うちの旦那は……」と自分の夫の愚痴をこぼすのは、ある意味謙遜を含んでいる日本人特有のものかもしれませんが、品がいいこととは思えません。夫を立てる、妻を褒める、という関係性のご夫婦のほうが何倍も素敵でしょう。家庭内で褒め合うこと、感謝し合うことがお互いを高め合い、そして、お子さんも人を褒めることや感謝できる子に育っていくと考えています。

◇ご近所から好感を持たれる家族に

昨今では、ご近所付き合いが希薄といわれていますが、地域によっては意外につながりがあるところも。いずれにせよ、何かのときに味方になってもらえるよう、普段の礼儀やふるまいが大切なのです。

特に、お子さんができたら、いつどこでお世話になるかわかりません。引っ越しの挨拶からきちんと行いたいものです。マンションなら両隣と下の階、戸建てでしたら両隣とお向かいさんに。「小さい子がおりますので、いろいろとご迷惑をおかけするかもしれませんが、何かあったらおっしゃってください」とひと言ご挨拶しておくだけで、相手の印象はまったく違うものになります。子どもが出す物音、足音、大声や泣き声なども、普通なら眉をしかめるところ、「ああ、あのお坊ちゃんね」と逆にほほえましく思ってくれることもあるからです。

もちろん、お子さんがいらっしゃらなくても、すれ違ったら「おはようございます」「こんにちは」と挨拶を。会釈だけでも印象がよくなります。エレベーターでご一緒した際も「失礼します」「こんにちは」の挨拶や会釈、「何階ですか？」とボタンを押して差し上げるなど。たとえ顔見知りでなくても、ご近所付き合いを上品に気持ちょくおできになるのが育ちがいいご家族でしょう。

◇お中元・お歳暮のマナー知識、ありますか？

ご結婚を機に、それまでは贈ったことのなかった方でも、義理のご両親やお仲人さん、夫の仕事関係の方などへのお中元やお歳暮のお手配が必要になってきます。お仲人さんへは、最低3年間はお中元とお歳暮をきちんと手配しましょう。それ以降もご交流があるのでしたら、もちろん続けてください。もしお付き合いが希薄になっている場合は、4年目以降はお歳暮だけになさってもいいでしょう。5年目以降は、関係性によってフェイドアウト……ということでも。

ちなみに、お中元をお贈りした方へはお歳暮も贈るのがマナーとなりますので、常識のない方と思われないようご注意くださいね。

◇良縁をつかめた未来のあなたへ

本書をお読みいただいたあなたは、あれもしなきゃ、これもしないと！と、すぐに自分育てに励まれたくなることでしょう。

その結果、良縁につながり、理想の男性と理想のご結婚が叶ったとしても……実はそこからが次の長い人生のスタート、ということをどうぞお忘れなく。

最後に、私からのお願いです。ご結婚後、それまで育くまれたあなたの「品」や「育ち」を保ち続けていかないのは非常にもったいないこと。むしろ、理想のご夫婦、理想の家庭を築き上げるためには、もっともっと自身を育てていくことが大切だと考えます。

そして、もしお子さんを持たれたら……あなたの品あるふるまいや話し方が鑑《かがみ》となるよう、より一層、理想のご夫婦へと歩まれていただきたいと思います。

出会ったときに「良縁」と感じたその煌《きら》めく想いを、幾久しく味わい続けられますよう、お祈り申し上げます。

著者紹介

植草美幸〈うえくさ みゆき〉

結婚相談所マリーミー代表、恋愛婚活アドバイザー。

成婚率は業界異例の80%を記録し、成婚組数は1000組を突破。「植草流婚活術」とメディアで評されたカウンセリングに定評があり、豊富なノウハウに基づいたアドバイスで、多くの未婚の男女を成婚へと導いている。

また、少子化対策の一環として各地方自治体より依頼を受け、数多くの講演を実施している。

「ザ・ノンフィクション」「シューイチ」「ワールド極限ミステリー」「ホンマでっか!? TV」「スクール革命」「グッド！モーニング」など、累計100本を超えるテレビ番組に出演。自身がパーソナリティを務める「植草美幸の恋愛結婚相談」（レインボータウンＦＭ）でも、歯に衣着せぬ婚活アドバイスで人気を集める。

ラジオやWEBメディアを含めて、年間2000件を超える恋愛・結婚相談に応じている。

著書に『ワガママな女におなりなさい』（講談社）、『結婚の技術』（中央公論新社）、『なぜか9割の女性が知らない 婚活のオキテ』（青春出版社）などがある。

諏内えみ〈すない えみ〉

結果を出すスクールとして人気の「マナースクール ライビウム」「親子・お受験作法教室」代表。ベストセラー『「育ちがいい人」だけが知っていること』（ダイヤモンド社）著者。皇室や政界、財界などVIPアテンダント育成指導を経てスクールを設立。

「婚活講座」をはじめ、マナー、ふるまい、会話、社交やテーブルマナーを指導し、多くの受講生から“諏内マジック”と称賛されている。映画・ドラマでの女優のエレガント所作指導にも定評がある。「世界一受けたい授業」「あさイチ」「王様のブランチ」「ホンマでっか!? TV」などメディア出演多数。「親子・お受験作法教室」では、難関幼稚園や名門小学校からも高い評価を集め、第一志望合格率95%を実現。多くの有名校でのトップ合格を達成している。全国での講演も多数。

著書に『もっと！「育ちがいい人」だけが知っていること』（ダイヤモンド社）、『「ふつうの人」を「品のいい人」に変える 一流の言いかえ』（光文社）、『大人の若見えを叶えるしぐさとふるまい』（大和書房）などがある。

本文デザイン／青木佐和子　編集協力／村崎南（MARCKEDELIC）

「良縁《りょうえん》をつかむ人《ひと》」だけが
大切《たいせつ》にしていること

2023年6月30日　第1刷

著　　者　植《うえ》草《くさ》美《み》幸《ゆき》
諏《す》内《ない》えみ

発 行 者　小澤源太郎

責任編集　株式会社 プライム涌光
電話　編集部　03(3203)2850

発 行 所　株式会社 青春出版社
東京都新宿区若松町12番1号 〒162-0056
振替番号　00190-7-98602
電話　営業部　03(3207)1916

印刷　三松堂　　製本　フォーネット社

万一、落丁、乱丁がありました節は、お取りかえします。
ISBN978-4-413-23313-2 C0095
© Uekusa Miyuki, Sunai Emi 2023 Printed in Japan

本書の内容の一部あるいは全部を無断で複写(コピー)することは
著作権法上認められている場合を除き、禁じられています。

保健室から見える本音が言えない子供たち
「決められない」「察してほしい」…大人が見落とす心の深層
桑原朱美

100の世界最新研究でわかった
人に好かれる最強の心理学
内藤誼人

しみる・エモい・懐かしい
大人ことば辞典
ことば探究舎［編］

言い換えで、人生が変わる。
中谷彰宏

9割が知らない！売れる「動画」
大原昌人

青春出版社の四六判シリーズ

電車のなかで本を読む
島田潤一郎

図で見てストン！とわかる
日本経済ポツンと一人負けの本当の理由
間地秀三

あなたの内なる「神の声」を聞く方法☆
一瞬で、幸運へと導かれ、すごい結果が現れる！
佳川奈未

子どもの頭のよさを引き出す
親の言い換え辞典
小川大介

Zer0理論《ゼロ》
人生の問題をすべて解決する奇跡の方式
御堂剛功

お願い　ページわりの関係からここでは一部の既刊本しか掲載してありません。
折り込みの出版案内もご参考にご覧ください。